きがたり
ときをためる暮らし

# 积存时间的 生活

（日）津端修一・津端英子

采访撰文 水野惠美子
摄影 落合由利子
翻译 李毓昭

中国青年出版社

[前言]

# 越来越美丽的人生 ——修一

我们是以"越来越美丽的人生"为目标，一路走过来的。译成英文，就是ageless beauty，不让人感觉到年纪。

英子虽然八十四岁了，声音却一点都不显老。我们去演讲时，英子说话都会让大家听得很高兴，比我受欢迎。每个人都夸她"可爱"什么的，上了年纪还能得到这样的赞美，真是幸福。这大概是因为她可以想做什么就做什么，活得很快乐的关系。

我曾经在六十六岁和六十八岁时开帆船去大溪地。目前正在考虑，要是明年八十八岁时还很健康，就要再去一次。但因为飞机要坐很久，一定要设法维持体力，不然会无法承受。

我的大溪地朋友说，他们那边的人都会先决定好，死掉以后要去哪一颗星球。大家都喜欢浪漫的地方，像南十字星就很热门，一定挤得水泄不通，所以我打算去的是南十字星旁边的小星星。烧成炭的遗骨就请人撒到南太平洋的海里。英子好像也会随后跟来，真好。

\*编注：二〇一二年修一真的去了大溪地，当地还有认识的朋友，也拍下在帆船上面喝啤酒的画面。

我们两个人已经几十年都没有接受健康检查了，因为害怕会发现哪里不对劲，总是会耿耿于怀的嘛！而且越是健康的人，精神就越容易变得不稳定，所以干脆不要接受检查。

我们虽然跟杂草一样强韧，内心却非常怯懦。在我们的资质中，可以这样存活下来，最重要的就是这份怯懦吧。怯懦会让人更加敏锐，也会去接受各式各样的事物。要是变得强悍，那就不行了。感性一麻痹，就会变得连感觉得到的事情都没有感觉。

但说是这么说，未来确实一天比一天短了，无论如何都想要心情愉快地活得长长久久。要达到这个目的，就一定要自己的事情自己做。

虽然英子说她不想依赖任何人过活，但是那必须在我们两人都健康的情况下才有可能。现在我们两人已经形同一个个体了，势必要去思考其中一人走了以后该怎么办。

正因为这样，假如英子不在了，我会像断线的风筝一样，不知道会飞到哪里去。这方面我不要去想，也没有办法想。

## 思考眼前的未来，积极地生活　　　　　——英子

时间一下子就过去了，我之前从来都不曾感觉到自己的年纪。

在修一开帆船的时期，我每天都过得紧张兮兮的，好像初春时总是刮得很厉害的第一道强大南风，可是现在每天都过得跟小阳春一样安稳。

要说我有什么烦恼，那就只有一件事情：要是我先走了，问题会很大。

两个女儿也都说："妈妈可别丢下爸爸先走，不然他会很可怜。"虽说是家人，但没有长时间一同生活过，如果突然住在一起，外子和女儿不是都会感到困扰吗？毕竟偏好的食物和生活习惯都不一样。想到这一点我就觉得，除非把修一送走了，否则我是不能去那个世界的。

无论如何，我都一直告诉自己："我不能先走掉。"我的个性就是先为别人着想而不顾自己。听说有些妻子会自己出去旅行，把先生留在家里。这种事我从来也没有想过。丈夫的三餐是我头一个会担心的。

修一去看眼科或牙科时，我都会跟去，因为他不会自己主动去看医生。我会在候诊室看杂志或是打毛线，就只是坐

在那里等而已。我们不会在路上说什么话，或是并肩走路。他会在前面走得很快，走到一半停下来回过头来，再继续往前走，我就拼命地在后面追。呵呵，很好笑吧？

我们有很多两人的合照，都是应别人的要求拍摄的。平常我们都是各做各的农事，我做我喜欢的，他做他喜欢的，只有吃饭和喝茶的时候才会碰面。我们就是这样，互不干涉。

但如果变成只有一个人，那就糟了。像洗衣服、打扫等原本属于我的工作，他都接过去做了，也因为那些事情我渐渐都不碰了，所以完全不会用机器。而如果要由我一个人包办菜园的工作，那会很辛苦。至于做菜，我会做是因为有人一起吃，要是只剩下我一个人，可能就不会有心思去做了。我总觉得就是因为对别人有用处，我才会活在这个世间。

在剩余的时间中，修一应该会继续依他的方式播种，对世人发送各式各样的信息。我也会继续为下一个世代活着，在田里加进更多落叶，培育更肥沃的泥土。

抱怨、批评在我们家是禁忌，所以我是以思考眼前的未来和快乐的事情活到现在。不可思议的是，人生因此变得越来越美好，所以我今后也会继续抱着那些想法活下去，也就是"我的人生无悔"。

# 目录

## 前言

越来越美丽的人生　　　　　　修一 / 4

思考眼前的未来，积极地生活　英子 / 6

有这样的家真好

　　　　　张芳龄/熟年优雅学院创办人 / 11

## 耕土

修一式快乐务农的巧思　　　　修一 / 34

自家种苗　　　　　　　　　　英子 / 39

从小就热爱菜园生活　　　　　英子 / 42

种菜的开始　　　　　　　　　英子 / 46

在广岛乡下第一次种稻经验　　英子 / 47

自制带皮果酱，让人意犹未尽

　　　　　　　　　　　　　　英子 / 50

收成不佳时更懂得珍惜　　　　英子 / 52

营养又美味的柚饼子　　　　　英子 / 54

开始种菜　　　　　　　　　　英子 / 55

利用身边的东西　　　　　　　英子 / 56

无论如何都要"呵护"　　　　英子 / 58

决明子茶——自种自喝二十年

　　　　　　　　　　　　　　修一 / 60

种大麦泡麦茶　　　　　　　　英子 / 63

遇见欧洲的菜园　　　　　　　修一 / 73

最后回归尘土　　　　　　　　修一 / 75

可乐饼　　　　　　　　　　　英子 / 77

用马铃薯做面包　　　　　　　英子 / 79

竹林的副产品　　　　　　　　修一 / 81

无农药种植的技巧　　　　　　英子 / 82

与自然和昆虫共存　　　　　　修一 / 83

## 简单最好

舒适的圆木小屋　　　　　　　修一 / 86

依时节替换的乐趣　　　　　　英子 / 89

鉴赏真品　　　　　　　　　　英子 / 90

积存时间　　　　　　　　　　英子 / 91

四季麻糬　　　　　　　　　　英子 / 93

享受费时耗工的生活　　　　　修一 / 95

| | |
|---|---|
| 自己的房子自己维护 | 修一 / 97 |
| 爬上屋顶 | 修一 / 100 |
| 思考适当的居住地 | 修一 / 103 |
| 每个人都要具备"存活的能力" | 修一 / 105 |
| 骑越野车轻松上坡 | 修一 / 107 |

## 所有生活来自于厨房

| | |
|---|---|
| 成为上班族的妻子 | 英子 / 118 |
| 空气一样的人 | 修一 / 120 |
| 从可靠的商店购买食物 | 英子 / 122 |
| 知多半岛捕到的当地鱼 | 英子 / 125 |
| 热爱款待来客 | 英子 / 127 |
| 千层面的回忆 | 英子 / 130 |
| 味觉的记忆 | 英子 / 134 |
| 送礼的原始体验——酒糟腌菜 | 英子 / 138 |
| 保持一身轻松 | 英子 / 141 |
| 女儿的陪嫁 | 英子 / 143 |
| 厨房是家庭的中心 | 英子 / 145 |
| 用砂锅最安心 | 英子 / 147 |
| 款冬佃煮 | 英子 / 149 |
| 昆布佃煮 | 英子 / 150 |
| 女人不论几岁都不能变得不可爱 | 英子 / 151 |
| 腌梅干 | 英子 / 153 |
| 用酱油腌梅子 | 英子 / 154 |
| 梅酒和梅子蜂蜜酱 | 英子 / 154 |
| 路荞 | 英子 / 156 |
| 不想过违反自然的生活 | 英子 / 157 |
| 每天都要花两个小时 | 英子 / 159 |
| 早晨先喝一杯果菜汁 | 英子 / 169 |
| 八十四岁开始服用营养补充剂 | 修一 / 170 |
| 做萝卜干 | 英子 / 173 |
| 一百次培根 | 修一 / 175 |
| 为了做出好吃的甜点 | 英子 / 179 |
| 四座冷冻柜和一台冰箱 | 英子 / 181 |

| | | | |
|---|---|---|---|
| 英子式蔬菜冷冻活用法 | 英子 / 183 | 要帆船不要车 | 修一 / 201 |
| | | 喜欢就一头栽进去 | 修一 / 203 |
| | | 婆婆爱吃的斐济果 | 英子 / 205 |

## 重要的法则

| | | | |
|---|---|---|---|
| 依自己的感觉下判断 | 英子 / 186 | 一辈子不受羁绊的老爸 | 修一 / 209 |
| 自己的心目中什么最重要? | | 父亲教我如何打扫 | 英子 / 211 |
| | 修一 / 190 | 互助合作,互不干涉 | 英子 / 213 |
| 钱用完了就换个脑袋思考 | | 夫妻之间要留下空隙 | 修一 / 215 |
| | 英子 / 192 | 记录是宝藏,也是财产 | 修一 / 217 |
| 男人需要玩具 | 英子 / 194 | 自成一格的生活方式 | 英子 / 219 |
| 胜过语言的传达——关于帆船 | | | |
| | 修一 / 197 | | |

## 结语

| | | | |
|---|---|---|---|
| 在开船时期待回程的旅行 | | 结语 | 英子 / 222 |
| | 英子 / 199 | 结语 | 修一 / 224 |

# 有这样的家真好

张芳玲/熟年优雅学院创办人

　　能够跟大陆的读者一起分享日本爱知县津端夫妇的生命故事，是我极大的荣幸。虽然全球各地的熟龄人士各有不同的生活风貌，但是回归自然的亲土性，以及营造自己想要的理想家园、真诚做自己，在晚年达到怡然自得的境界，应该是全世界熟龄者的共同梦想。自从我将本书引进台北之后，这两年一直有大陆读者通过越洋输入而购得本书，我默然感到对岸有一群心灵相犀的朋友。如今欣见简体字版本出版，这书即将能够让更多人阅读，期盼我们一起为更好的未来熟龄生活做梦。

　　两年多前，第一次登门拜访津端修一、英子位于爱知县的家。我们第一道品尝的点心，是他们菜园收成的柿子。干干净净地对切，橘黄色的果实脆脆的、滋味甜甜的。修一说，几年前她（英子）说想要种柿子。我说，柿子种下去要等八年才能收成，我们这年纪了，等得到吗？没想到五年就吃到柿子了，今年是第一次采收，我们好高兴。

　　与我一同前往的，有本书的作者水野惠美子和充当我日文翻译的好友陈淑芬女士。当我们很快吃完第二样点心——用栗子捣成泥，做成的栗子饼——我的眼睛看着托盘里面还有一个栗子饼，修一问我："好吃对不对？"我点点头，他就跟个慈祥的爷爷一样，把剩下的栗子饼推到我面前说："好吃就多吃一点。"我不禁想起书内说的：好吃的定义，就是"让人意犹未尽"。

而本书一再提到的"斐济果"，算是采访全程顶级的享受了。修一拿出自酿的斐济果酒，英子拿出小酒杯，琥珀色的酒液让我们惊呼："这酒是斐济果酿的吗？"似乎我们的惊叹带给两位老人蛮大的成就感，修一索性多拿出几瓶，每一瓶挂着不同年份的标签！"用小汤匙挖果肉，然后淋上一点酒液在果肉上"，我该怎么形容那一口滋味呢？书内英子形容"木瓜与柠檬加起来的味道"，而我当下跟他们形容："口感有点像番石榴，美妙的是鼻子闻到的是很香的龙眼味。"我的第一口因为过度的满足，又知道这一生可能不会再有机会品尝，胸中充满幸福与遗憾掺杂的冲击。

我们去修一家的前一天，是到东京"自然食通信社"会见原文书的出版人与撰文、摄影。摄影落合由利子女士，讲了一段耐人寻味的话："修一和英子在家里的生活，你会以为他们好像两条平行的线，各做各的事情，但是每隔一段时间，这两条线就会交集在一起……"当天一直到某一刻，才想起前一天落合由利子讲的这一段话。

当修一娓娓道来斐济果是从法国来的，味道如何……英子耳朵听见修一在讲斐济果，马上收走糕点的盘子和叉子，重新摆另一组盘子和小圆汤匙，准备让修一表演斐济果的吃法；接着修一拿出酒来，英子又从橱柜快速取出小酒杯，转进厨房清洗一下杯子……修一不察，自己走到橱柜想找小杯子，但是英子已经拿着杯子走过来，边走边说："杯子在这边。"我拍下这段过程的影片，看见这对八十几岁的爷爷奶奶这样的默契，两条平行线交会的那一刻，非常感动。特别是英子对修一的细腻，对我是最深刻的感动。

修一的签名画，从年轻到老，都是他站在英子背后，他可以一分钟画完这签名，所以我叫它签名画。他请我们抬头看，墙壁有一幅比较大的招牌签名画，蛮有味道的，修一用书法写着：这个家很好，这个家很棒！

"坚持用好东西"，先不要想是昂贵的东西，他们的好东西蛮多是现金买不到的呢！一块经营近四十年的菜园，细心呵护，土地回馈他们无数的有机蔬果让他们吃不完，还需要四台冰箱保存起来。"我们经历过战争，二次世界大战时，你有再多的钱也没有用，有地有食物才是最实在的。"没有积蓄，也没有女儿们给生活费，"不虞匮乏"在他们的身上是最好的写照。

英子的父母留给哥哥的几口黝黑、厚重的大木柜，在哥哥也过世之后，现在放在英子家中。她说："祖先都是用好东西，准备代代相传，我们的观念也是这样。"所以他们不乱买家具，真的要添购什么，也会想到，这家具够好吗？有好到可以代代相传吗？所以他们等存够钱才下手买，而不为了"便利、便宜"买回不想珍藏的家具。

另外，修一的木制手工品和英子用纺织机做的布料，独一无二的手工作品融合在家中许多家具上面……我想这就是这个家之所以流露出一股高贵精致气质的原因了。

起先，二〇一二年的冬天我在三省堂书店看见《积存时间的生活》，放在"农业出版"类的书架上，我被封面那张图片吸引，我拿起书来，就一直盯着照片里面的客厅、餐桌、灯光，还有坐在餐桌两旁的津端夫妇，心想：这到底是怎样一个故事呢？二〇一三年春天我拿到了这书的中文繁体字版权，接着我只巴望亲自走进那张封面，想象跟津端夫妇坐在那个屋内，一起围在那张餐桌，吃几样英子做的食物……

现在想象变成真实的了。我的名古屋之行，就好像一场敬虔又庄重的仪式——对生命致敬的仪式。我们三人一早八点从东京转车到名古屋的爱知县，到达时已经是下午两点。英子到院子外面的小径接我们，修一站在屋子的走廊上等我们。走进明晃晃、感觉温暖的屋内，看见餐桌上放好迎宾小卡片：是木片做的，写上今天的日期，还创作一幅小图。

接着有十分钟，修一分别赠送我和淑芬几个小礼物。等我们坐好，他指着桌上的几本文件夹，表示他和台湾有很深的渊源……这是何等神奇的一刻，原先我也怀疑以修一的年纪，该不会在日据时代跟台湾有段故事？没想到故事可特别了。

修一透过黑框眼镜，手指着几张黑白照片，跟我介绍他的老朋友们——一群台湾少年工。回台湾我上网查到的历史是：一九四三年至一九四四年二次世界大战期间，日本政府在台湾征募八千多名十三至二十岁青少年，前往日本神奈川县高座海军工厂，以半工半读方式，从事生产战斗飞机工作，其中有一千多名少年工派遣在名古屋的"三菱重工"，十九岁的修一成为他们的监督者之一。当年的少年工现今已经八十多岁，二〇〇九年台湾高座会（台湾解严后，各地少年工成立的组织）组团返回名古屋，就是由修一接待他们。修一也翻出迎接这团老朋友的照片给我看，还影印了日文新闻报道给我。

突然他拿出一颗漆黑的印章，署名陈清顺（一九四五年）。修一说当年这位台湾少年工陈清顺先生送他这印章"津端"，后来陈清顺死于白色恐怖，我看见修一在某张相片旁边注明"顺，二〇〇九年五月十四日死亡确认"，我想这是台湾高座会来访时的日期。回台湾之后，我上网把陈清顺的判决内容和墓碑照片寄给修一，这墓碑立于一九五二年十二月，也就是一九四五年两人分别后七年，陈清顺时值二十五岁就身亡。修一回信给我，说要是能到台湾来一趟，他想去看他的墓，相隔六十八年了，我仍感受到修一的真情。

这位"记录狂人"画了一张"六十五年来跟台湾交往的图表"（一九四五年—二〇〇九年），因为除了台湾少年工之外，修一在一九八二年参与林口新市镇计划，以及在一九九〇年做过对"淡海新市镇特定区计划案"之建议书。我相信太雅出版《积存时间的生活》会被标记在二〇一四年，看来六十五年要涂改成七十年了。

本书书名翻译为《积存时间的生活》，事实上，有着"记录历史"的含意。修一先生很会归档，喜欢留下记录，依据我看见的，有几种记录方式：

1. 规格一致的文件夹，放满一间资料室，有修一的研究论文、资料和报道。

2. 大型珍珠板，把图片放大拼贴，写上图说和标题，俨然像是"大型日记本"，好多故事被做成珍珠板，屋里有个角落整齐立着一叠珍珠板，修一没有一刻安闲，随时就抽出一张珍珠板，放在椅子上面，就开始讲了。

3. 插画记录。从孙女花子小时候，一箱箱蔬果寄去女儿家，修一全部用插画记录，清清楚楚寄了什么和何时寄的。我研究了一下，大约是十天寄一次。花子几岁就累积到多少年的记录。还有朋友来做客，当晚招待客人的菜色，也画下来存档。说实在的，不论功能性如何，这真是非常精彩的"插画记录"，整桌菜肴在修一的简单笔触下，呈现出活力与情感。

4. 名片整理簿：绝妙！英子纺织的围巾、袜子等作品，有相片有插图，修一特别给予编号，就跟艺术品一样。每一件送给谁，详细记录。

看到产量惊人的纺织品，以及送礼的热情，英子总会被夸奖，但是她说："我其实不是为别人而做的，我是为自己。你要健康地活，你必须手脚并用、脑子也要动，纺织就是这样子帮助我保持健康。"

我的出版社成立十七年之后，推出"熟年优雅学院"，很荣幸有这本书作为开场。我的父亲在七年前中风，母亲因慢性病逐渐衰弱，于三年前过世，这一路走来，使得只有四十几岁的我，提前面对生命走向老化、告别亲人的现实。我环顾四周的朋友，从我们父母的身上，我发现台湾婴儿潮之前的人，也就是现在超过六十五岁的老人家是蛮不会照顾自己的，对于"想过怎样的生活"主观意识不强，情感的安定性还是来自儿孙关系与经济能力，并非内在的灵性或是建立一套吻合自我信念的生活方式。这跟日本老人靠社会福利、退休金安稳生活，不多跟儿女同住，仍旧安排多样化生活内容，两相比较差距是很大的。有一位在日本住过多年的朋友告诉我，像修一、英子这样好动、勇于尝试的老人家，在日本是很普遍的。这不禁给我一份使命感，就是为四十到六十岁的中年、熟年，提供熟年优雅生活建议书。任何一本熟年优雅学院的故事主人翁，都不是七十岁才开始决定要过怎样的生活，而是一直以来他们知道自己要什么，对生活保持热情、并且付诸行动，等到工作步调开始趋缓、生活重心放回自己身上之后，他们将特质与能力加倍发扬光大，才有今天我们看见的面貌。所以，出版这套书籍是身为出版人的使命之作，也是给大家的中年、熟年展开礼赞的红地毯，希望对读者有帮助。

## 再版序　津端夫妇访台，新书发表会报道

八十九岁的修一非常兴奋，期待到台北的日子，他马不停蹄做着中文繁体字版新书发表会要送出的礼物，一百组木头做的纪念品。除了英子，随行的还有女儿朗子。在二〇一四年的八月十六日，演讲会场挤满了人，全场气氛相当热络、读者非常盛情，津端全家对于当天的圆满成功，感到十

分欣慰。最后排队签书的约有八十人,因为修一的签名是一张图,所以共花了九十分钟才完成,太多人告诉我们,不知道为何,看见他们入场时,就觉得想掉眼泪;又有人说,当修一在第一本书签名时,看见他那样认真地画图,有想哭的感觉。

他们访台的五天,把陈清顺刻的"津端"印章带来台北。行程其一是去给陈先生扫墓,修一把简陋的受难者墓碑清理了一下,然后唱起一首当年少年工天天必唱的歌,边唱边哭起来,最后将印章埋进土里还给陈清顺。他的女儿朗子当天请翻译友人带她去印章店,她找到一颗一模一样的黑章,刻了修一唯一孙女的名字"花子",在新书发表会上,修一秀出这印章说:好像生命会生生不息,传承下去,用了五十年的印章还给了陈清顺,却找到另一颗章送给孙女,这好像重生一样,似乎失去什么,却依旧还在。

后记:津端修一逝于二○一五年六月,走的那天早上他还在除草,因为胸闷躺到床上休息,不久就离世,年足九十,这样的走法可称为真正的善终。

耕土

# 修一式快乐务农的巧思

——修一

去菜园工作时,我们会戴上这顶帽子。这是开帆船去大溪地时买的,已经变得这么破烂了,可是日久生情,就一直修补,继续使用。这阵子修补的线变得很明显,可是戴起来很凉快,实在舍不得丢。看我这么珍惜这到处都修补过的帽子,有朋友去大溪地时想帮我买一顶新的,却怎么找都找不到。样式虽然朴素,却有一种美感,让人想要珍惜。

做农事时,我们会先去农具舍换上工作服。因为踩着烂泥巴,难免会弄得全身脏兮兮的。而在进行种植幼苗等工作时,英子觉得一直弯腰很难受,总是跪在泥土上,所以很快就把裤子磨破了。我帮她用缝纫机在洞口车上补丁,英子却说很丑,不肯穿。因为我以前开过帆船,裁缝都是自己来,不然在海上发生问题时,不自己修理就回不了家了。比如破掉的帆布,我就经常用手缝补。

我们家的菜园会插着写有菜名的立牌。因为近来有许多人来参观,插上立牌,就能让任何人一看就知道种的是什么。但立牌上只有菜名太单调了,所以我还加写了一些文字，比如："牛蒡，岩手产，请期待！""山葵，用！要保护！"里头蕴含着我们盼望植物顺利生长的意思。很意外地，蔬菜似乎也明白我们这份心。哈哈哈，我就是喜欢想一些没人做的事情，然后自己亲手去做。

种菜有太多想象不到的事情会对下半身造成负担。但如果像这样花心思制造乐趣，菜园的工作就会变得很好玩。无论是什么事情，都一定要有乐趣才能够持续很久。

## "营造菜园乐趣的巧思1"划分成四坪<sup>译注</sup>区块

为了增进工作效率，我们家的菜园采用划分法。刚开始（一九七六年）是往两边扩展的横植法，但经过至少十年的时间，现在已经改成划分法，一个区块有四坪，井然有序，看起来不是也很漂亮吗？

不过，基于英子想要栽种更多、收成更多的需求，原本规划的十八个区块在中途增加到二十六个。土地有限，要东挪西凑才能挤出空间。也因为她竟然说，一年要种八十种以上的蔬菜，才会到处都是一个区块种了两三种蔬菜的情况。

*译注：坪，日本传统计量面积单位，1坪等于3.3平方米

### "营造菜园乐趣的巧思2" 将农具改造得更好使用

铁锹、铁铲等农具也一直在改良,变得越来越好用。英子没有力气,为了方便她使用,我把铁板缩小,又根据杠杆原理把木柄加长。木柄是中空的,所以重量比看起来轻很多。这是用坏掉的吸尘器塑胶管做成的。

又如高枝剪刀的把手前端,我直接用奇异笔写上修理日期。这样就可以知道,每年要修理两次。其他工具也像这样写上使用的资料,对维修很有帮助。

### "营造菜园乐趣的巧思3" 工具统一涂上黄色油漆

工具和立牌全部统一用黄色油漆。像剪刀、铁锹、割草镰刀也都涂上黄色。就算忘在草丛里,也可以马上知道:"就在那里!"我试过其他颜色,但还是黄色最醒目,从此就固定用这个颜色。更何况黄色会让人振奋精神,是很有趣味的颜色。

## "营造菜田乐趣的巧思4" 在立牌上注明菜名

在种菜的地方插上写有菜名的立牌。当然,没有立牌,英子也知道哪里种了什么菜。可是我的角色是从旁协助农事,万一在已经播种的地方翻土,或是把菜苗当成杂草拔掉,那就糟糕了。是的,立牌一方面是用来警示自己,一方面对夫妻交换信息也有帮助。等到结束收成,不需要立牌了,就再涂上油漆,重复使用。

《英子的自言自语》自从修一辞掉大学教职,在六旬年纪成为自由工作者,就把整个菜园变成他的风格。也没有事先跟我商量,有一天就突然划分成区块,我根本来不及表示意见。他总是这样,让我觉得:"又来了。"本来是认为,他想要这样就让他去吧!但结果划分以后,工作就变得比较省事了。

## 津端家的杂树林与菜园

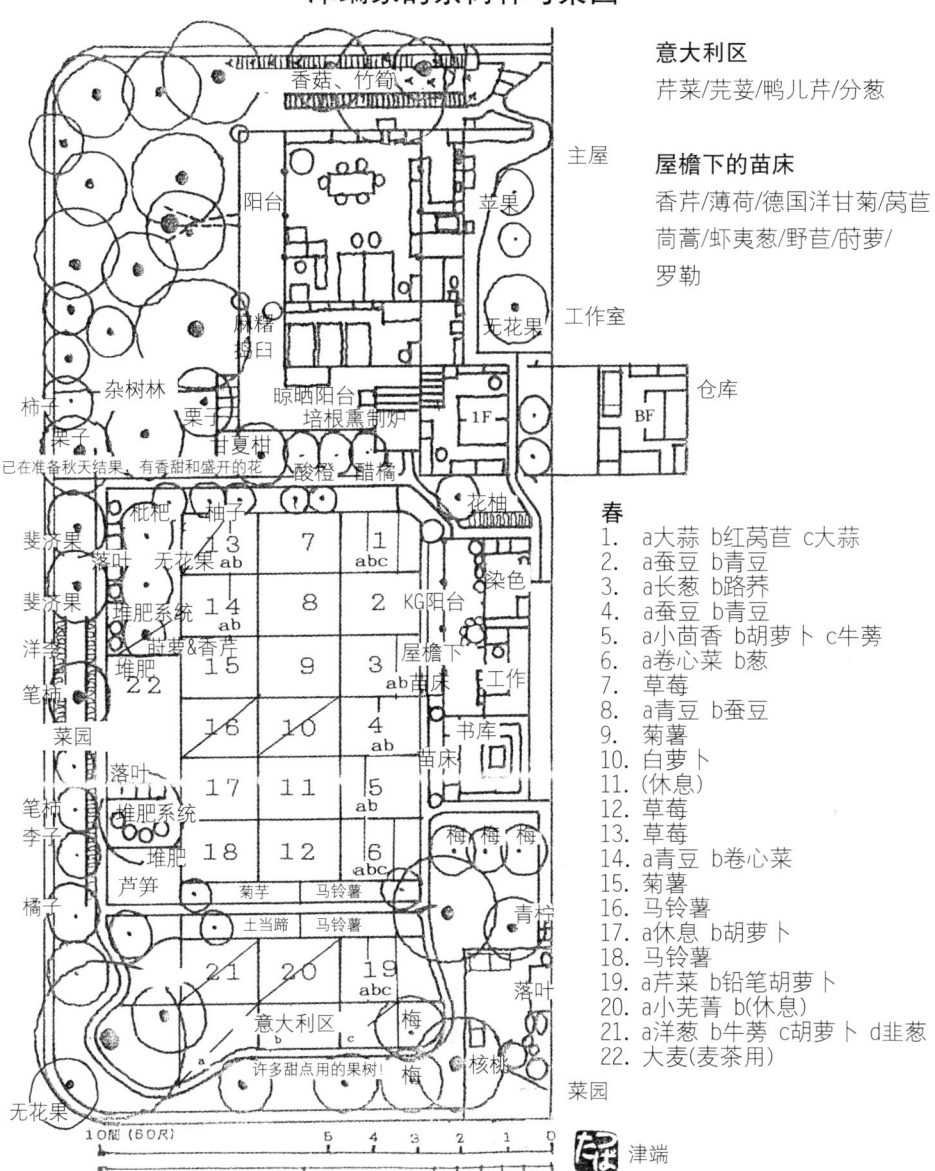

**意大利区**
芹菜/芫荽/鸭儿芹/分葱

**屋檐下的苗床**
香芹/薄荷/德国洋甘菊/莴苣/茼蒿/虾夷葱/野苣/莳萝/罗勒

**春**
1. a大蒜 b红莴苣 c大蒜
2. a蚕豆 b青豆
3. a长葱 b路荞
4. a蚕豆 b青豆
5. a小茴香 b胡萝卜 c牛蒡
6. a卷心菜 b葱
7. 草莓
8. a青豆 b蚕豆
9. 菊薯
10. 白萝卜
11. (休息)
12. 草莓
13. 草莓
14. a青豆 b卷心菜
15. 菊薯
16. 马铃薯
17. a休息 b胡萝卜
18. 马铃薯
19. a芹菜 b铅笔胡萝卜
20. a小芜菁 b(休息)
21. a洋葱 b牛蒡 c胡萝卜 d韭葱
22. 大麦(麦茶用)

# 自家种苗

——英子

今年冬天，高藏寺这里也积了五十厘米的雪。下这么多的雪是很少见的。我小时候的家是在半田市[注1]，冬天会积雪，也会结冰柱，但是我并不觉得特别冷。近来大概是上了年纪的关系，感觉今年的冬天好冷，很期待春天赶快来。

二月就历法来说是春天，但是天气还太冷，要做农事的话，顶多只能移植葱或洋葱苗，或翻翻泥土，在里面加肥料。到了三月，土里面的温度升高了，才会开始动工。所以到了这个时期，我会在家里想着春天要播什么种子，反复翻看种苗公司寄来的商品目录，仔细斟酌。现在像白萝卜和胡萝卜都有很多品种，经常都会犹豫不决，不知道要选哪一种。新品种我也会积极尝试，因为会去猜想种出来的样子，而这也是种菜的乐趣。

我们一年差不多会种八十种蔬菜，到目前为止已经种过许许多多的种类。搬来这里的头一年种过甘蔗，因为想起小时候吃到的甘蔗甜味。修一喜欢姜，所以几乎每年都会种。之前有人给他珊瑚菜，试种之后发现不行。那是长在海边沙地上的，似乎不能适应这里的土壤。

要说有什么特别的种类，那就是慈菇的水耕栽培。用大

---

*1 位于日本本州岛中部的爱知县内，是知多半岛的中心城市。

瓮装水培植，然后在年底挖出来。我今年还在那个瓮里面种莲花，不知道会不会成功？

芳香植物种了不少，韭葱、西葫芦、菜蓟等西方蔬菜也有种。总之，凡是有兴趣的东西，我都想要种种看，就凭着农夫什么都种的乐劲。目前还没有试过的有芝麻、蒟蒻芋、日本薯蓣，以后一定要挑战看看。

种植之前，我会先把春天要撒的种子全部写出来，再大致算一下价钱，就会发现一点都不便宜。种类多是一个因素，但并不是主要原因。以马铃薯来说，我都会尽量用家里采收的当种薯种植，其他像青豆、蚕豆、小黄瓜、香芹等都有种子，可以尽量收集。现在种苗制造商的品种都经过改良，一般都以为没办法取得种子，但是只要有耐心，连续种个几年，就会适应当地的土壤，成为固定种的原种。不过白萝卜、卷心菜都不能在开花前种植，无法采收种子，但我还是想要设法增加自家的种苗。

菜园的空间有限，必须轮流在空出来的地方播种、种植。要是不这么周转，土地就不够用了。刚开始会考虑蔬菜搭不搭配的问题，但经验累积多了，就发现完全不用在意。有些种类不能连作，例如花生，但只要不连续种植同样的蔬菜，就不会发生连作障碍[注1]。

另外，每天吃的蔬菜要错开时间多次栽种，才不会采收一次就没了。每次种上分量少但种类多的蔬菜，以后就能一点一点地慢慢吃。每天巡视菜园时，摸一摸长出来的叶子是很重要的。也许植物感觉到我的心意了，它们都会回应我，好奇妙。

《修一的自言自语》种植的蔬菜种类很多，所以家里的饮食很丰富。去年有人送来一株巨型木瓜苗，半信半疑地种下去，长出两颗果实。我们做成生菜沙拉和炒菜吃掉了。

我们家的蔬菜都不会长很大，但比较柔软，味道很好。英子说："蔬菜有最适合收成的时间，错过就不好吃了。"所以都会提早收成。如果以为自给自足的饮食很贫乏，那就错得离谱了。像我就觉得，我们吃的是最高级的食物，过的是最高级的生活。我们家没有银行存折，却有相当于存款的菜园。

---

*1 指同一种类的蔬菜连年种植，导致土壤营养失衡，而发生病虫害、蔬菜产量和品质明显下降的现象。

# 从小就热爱菜园生活

——英子

我生长的半田老家建地有一千多坪，里面有酒厂和碾米、制桶等酿酒的工坊，主屋建在中庭的四周。这是有两百多年历史的小型酿酒店，有许多人在里面工作。

一个家庭这么大，要从外面采买蔬菜相当费事，所以开辟了自家菜园，请佃农大叔帮忙栽种。我想一定有蛮多蔬菜是那里供应的。

我放学回来，就会马上跑去菜园，看着大叔工作。"休息一下吧！"大叔说着，就会坐在地上，跟我讲一堆事情。对当时的我来说，听他说话是很快乐的事。

总而言之，我不喜欢学校，也不大会念书，内向到不曾在同学面前举手发言，被叫到名字时，也完全答不出来，这时就会有粉笔从讲台上飞过来。当时的老师全部都很可怕，毕竟那个时代人人都有教育就是骂小孩的错觉。碰到不喜欢的老师，我还会紧张到肚子痛，厕所又很脏……我对学校只有这些不愉快的回忆，所以那时差一点就成了拒绝上学的儿童，喜欢待在家里，而农田是充满魅力的地方，小学三年级会骑自行车以后，更是经常踩着踏板往菜园跑。

家里有两名专门做酒桶的木匠。吾一先生是师傅,在他底下帮忙的是文七先生。文七先生差不多是五十岁年纪,常常帮我削铅笔。只要把铅笔拿过去,他就会帮我削得漂漂亮亮的,我就得意地带去学校。要是让母亲知道,她会很生气,所以我都是偷偷摸摸的。

有一天我跟文七先生拜托说:"你可不可以帮我做鸡舍?"他就回答:"好,我去跟老板说一声。"我什么都不必跟父亲说,事情就妥当了。当时还是小孩子的我,不太敢直接跟父亲和年龄差很多的哥哥说话。

文七先生就在酒厂后院帮我盖了鸡舍,还为我准备小鸡,告诉我:"我会帮你弄十只来。"我又说:"我想要种菜喂鸡。"他就帮我开垦空地,弄了一个小菜园。"有一只鸡很没精神。"他听了就过来帮我看看那只鸡,然后说:"它消化不良,没办法活了,我抓回去吃好了。"我们之间的关系就像这样。

有天早晨,我照例去鸡舍喂鸡,发现有鼬鼠过来偷袭,所有的鸡都东倒西歪的,我就边哭边喊:"文七先生,文七先生!""什么事?""鸡被鼬鼠咬死了!""啊,那就没办法了,交给我来善后吧!"文七先生就像这样,什么事都帮我做。多亏有文七先生,我才能够养鸡。到现在我还是会想要放养鸡,只是没有自信可以胜任。

耕土

当时开辟的菜园虽然日照不良，只是狭小的一块，我却觉得那是我种菜的原点，一切都是从那里开始的。菜园大叔和文七先生工作时，我都会在旁边看，可能很多事情就这样在我的身体里面累积起来了。

我进了女校以后，家庭中的长子结婚正式继承酒厂，我就和父母亲一起从本家搬到位于后山的分家房子。房子附近有一块约一百坪的空地，我说想要在那里种菜，女佣就帮我种了。

虽然已在女校念书，我还是一放学就飞也似的跑回家，沉迷于玩土。半田市举办"三八市集日"时，我都会和女佣去买蔬菜苗或种子，种过梅树苗、草莓以及杂七杂八的植物，不过几乎都是女佣在照顾。她老家是做农的，什么都知道，做起农事也很灵活。

战争越来越激烈时，粮食开始缺少，菜园也就种了很多地瓜。收成的地瓜会先蒸熟再切成薄片，摆在大竹筛上，拿到屋顶晒成地瓜干。

到了战争末期，连白米也消失不见，每天都只能吃地瓜干。老是吃这种东西，身体会长疙瘩。好不容易有脓流出来，以为已经好了，又会在其他地方长出来。总之就是营养失调，没有人例外。不过，人再怎么样还是活得下去，只要有东西吃，就可以活。

我们这一代经历过空袭、地震、伊势湾台风[注1]等等灾难，总是保持着危机意识。有时候人再有钱也买不到食物，我会想要利用土地种植自己吃的食物，应该和过去的经验脱不了关系。

**《修一的自言自语》我听英子说，她快要去念女校时，还一直吵着要去读半田农校，可见她从很早以前就很喜欢接触泥土。**

*1 一九五九年发生的热带气旋，在九月二十一日形成，九月二十八日消散，对日本本州造成严重灾情，尤其是名古屋市附近的伊势湾沿岸，导致四千多人死亡，三万多人受伤。

# 种菜的开始

——英子

我是在搬来高藏寺岩成台的住宅区才开始种菜的。那时透过高藏寺农业合作社的介绍，借到农家的土地，就开始尝试建立家庭菜园。

刚好在那个时候我的胃很不舒服，非常困扰。去医院检查的结果是"胃下垂"。医生叮咛我，要减少每餐的分量，一天吃六餐，饭后要躺下来三十分钟。

不过，修一给了我比较积极的建言："只要做农事锻炼腹肌，就能够治好胃下垂。"我就开始推着单轮车去菜园，这条路来回要走一个小时。早晨小孩去上学了，我就去菜园，然后在小孩放学前回到家。从一开始做这件事，我就觉得很有意思。

和我同一个时期开始的人都无法坚持，一个个放弃跑掉，我就陆续把旁边空出来的土地租下来种菜。那时就相当投入了，一回神才发现："啊，原来这就是我一直想要做的事！"童年的记忆苏醒，这才发现由于忙于照顾小孩和玩帆船，在不知不觉中忘记了自己的梦想。而自从开始努力种菜，我的体力就恢复了，不再感觉到胃下垂，健康也改善很多。

# 在广岛乡下第一次种稻经验 ——英子

作家有吉左和子[注1]在一九七五年写出《复合污染》（新潮文库）这本书，内容震撼人心，也一下子提高了社会对食品安全的关注。我确实也是因为这本书，而加深了自己吃的蔬菜要自己种的想法。婆婆又恰好在这时候把这里的"新城"土地让给我们，我就顺理成章地放手去做。

一年后（一九七六年），修一辞掉地域公团[注2]的工作，改去广岛大学教书。他那次照例没有跟我商量，自己做了决定才告诉我。当时我的大女儿在绸织[注3]创作家宗广力三先生那里寄居学艺，二女儿念高中住宿舍，因此只有我们夫妻搬过去。听说有很多先生调职时是自己一个人过去生活，我却是毫不犹豫地跟着一起去，毕竟我要负责做饭，一起去是天经地义的。住处是离大学有四十多公里的独栋房子。我们找了很多地方，最后才决定住在走路去最近的车站要三十分钟，有十六户农家聚集的小山村。邻居是隔了一块稻田的人家，我们通过住在那间屋子的吉田先生租下稻田和菜园，利用后山的落叶和堆肥，正式开始栽种稻米和蔬菜。我那时很开心，终于可以开始了。

---

*1 一九三一年——一九八四年，日本小说家、剧作家、演员，代表作有《恍惚知人》《纪川》等。
*2 以振兴地域为目的设立的特殊法人机构，于二〇〇四年改制。
*3 用废茧纺丝织出的平纹织物。

虽然有家庭菜园的经验，但这次的规模和环境都和之前不一样，起初是拜托吉田先生让我帮忙，一边做一边学习怎么耕种。我们是九月搬过去的，刚好是稻米的收成期。稻子割下来要绑成一束束的，挂在木架上暴晒。这个工作连续做了几天，腰不停地弯下伸直，还要搬运重物，身体到处都在痛，而且是严重的肌肉酸痛。回到家，要从门口爬上榻榻米地板，简直筋疲力尽。"好辛苦啊！"我连连叹气，累到无法形容的地步，要不是自己喜欢，应该持续不了多久。但是做着做着，身体渐渐习惯，稍微掌握到要领，就可以依照自己的步调干活了。

租来的菜园是后山的梯田，因为要领减产转作的奖励金，必须在那里种植一定程度的马铃薯和豆类。我无法在那块地栽种想种的蔬菜，就改去开垦住家附近的小空地，种上姜，又在较远的空地上种南瓜、冬瓜、芋头，还在田埂上种毛豆。梯田旁边有山泉形成的小水流，我就在那里种慈菇。

后来又租了一块小稻田，生平第一次挑战种稻。别人是用机械耕种，我却想要用手种植，完全不使用化学肥料或农药，照顾起来也相当费工夫。"根长出来，就可以在水田里面走动，光是这样里面的水就会改变。"有人这么教我，我就一身泥泞地在里面走，夏天就拿着手动除草机，在田里走来走去，肥料只用冬天撒在后山上的腐叶土和熏炭、鸡粪。

不知道给稻子的营养够不够，心里难免会感到不安，但结果是白操心了，稻子长得很顺利，秋天结出的稻穗饱满到垂下来。这时我还是只用手不用机械。现在都是用机械收割，不暴晒，当场直接脱谷，然后装袋，但当时几乎所有农家都是先暴晒。充分风干可以使养分去到稻穗最前端，吃起来更加美味。

头一年七百平方米的稻田收成了七十公斤。"第一年就有这个成绩，算是很不错了。"我记得听到吉田先生这么称赞时，我非常高兴。我们立刻买碾米机来碾米，用砂锅煮来吃。那时真的觉得心满意足。

在那里的乡下住了将近十年，对现在的生活有很大的影响，所以那是不可或缺的宝贵经验。正因为有那十年，我才能够活到八十多岁了，还这么有精神。人真的是越常活动就越有体力活动，像我这种原本动不动就觉得累，也很容易生病的人，都能变得这么健康。

《修一的自言自语》我也曾经帮忙割稻、晒稻穗。挂在木架上的稻穗颜色和使用农药的相比，显得更加鲜活漂亮，味道当然也是出类拔萃。

## 自制带皮果酱，让人意犹未尽　　　　——英子

我的目标是种五十种果树，所以找了很多树苗来种，但多半才两三年就淘汰掉了。树苗和土壤、环境有适不适合的问题，而要种植没有消毒的果树，好像也需要技巧。我才刚种下几棵蓝莓树，今年是第三次了，希望不会再让它们枯死。

但是相对地，甘夏柑就什么地方都种得起来。只要有庭院，就可以种一棵。我们家有三棵甘夏柑，另外还有三十多种会结果的树在菜园四周。栗子、梅子、樱桃、石榴、无花果、斐济果、葡萄、枇杷、李子。日本改良李子，果皮是黄色或紫红色，果肉是鲜红色，带酸味。加拿大唐棣、晚白柚、胡桃，一年四季都可以尝到各式各样的果实。像这样东种西种的，还真的种出这么多的果实，可以分送给大家。

今天我想要用甘夏柑做带皮果酱。四月中就要把甘夏柑采下来，不然就会开花。其实不应该让果树结那么多果实的，必须趁着果实还小时剪除一些，不然果实会长不大。

我就是像这样每年都做很多带皮的柑橘果酱。其实我不是很喜欢吃，倒是修一晚上喝咖啡时会拿来涂面包，可是一个人实在吃不了那么多，做出来也是几乎都送人。要是没有

送的对象就麻烦了,幸好我们家有很多访客。

  现在我们就来剥甘夏柑的皮吧!把皮剥下来切得很碎,放进砂锅,加上满满的水,放在炉子上煮。水滚之后,把锅拿下来,倒掉所有的水。因为里面有苦涩味,用流动的水冲一会儿,就可以去除。我都会在晚上睡觉前扭开水龙头,用一缕细小的水流不断地冲洗。隔天再加水煮,把皮煮软,然后加上挤出来的果汁和细砂糖,慢慢煮到汁液收干。细砂糖的量要依甘夏柑的酸味而定,每个人喜欢的味道也不一样,可以自行决定。要尊重自己舌头的感觉。

  我们家另外也会做草莓酱和无花果酱。两种都是一采收就撒上细砂糖,直接放冷冻柜冷冻,等到想要吃果酱时,就在冷冻的状态下用砂锅煮。一般人是直接做成果酱保存,但是现煮的有新鲜的感觉,特别好吃,因此我长年以来都是这么做。尽管采收的量不多,做出来的果酱也没多少,但是我认为会让人"好想再多吃一点"的程度是最好的。不只是果酱,什么东西都一样。这样子就会期待明年的到来。

● **带皮果酱**

材料:甘夏柑、细砂糖

1. 把皮剥下,纵切成小碎片。果实用果汁机打成果汁。
2. 放进锅中煮。沸腾时熄火,把水倒掉,再用流动的水去除涩味。
3. 在砂锅中加水煮,等皮变软了,就加上果汁、细砂糖,用小火煮到汁液收干。

# 收成不佳时更懂得珍惜

——英子

我们家有两棵栗子树。果实较大的是和栗,另一棵是与中国栗杂交的品种,称为"仓方早生"。这种的皮和甘栗一样容易剥除,本来是跟种苗公司买来的幼苗,细得跟棍子一样,好像种不活,现在却长这么大了,为我们结出很多果实。

我早晚都会穿着长筒靴去捡落下的栗子,再喀咚喀咚地取出果肉。通常可以采收六袋左右,但今年的收成不好。有的年丰收,有的年歉收。不只是栗子树,什么东西都是这样。丰收时的收成会多到两个人吃不完,必须做成甜点或拿去送人,人就要忙着处理这些事情。但是反过来,在歉收的年份,就会深深觉得自然的恩惠是很难得的。

有人说剥栗子皮很麻烦,这是因为想要一口气解决,才会变成大工程。我都是今天做一点,明天做一点,慢慢来,所以不太会觉得"麻烦"。

晚上我会把只剥下外皮的部分浸在水里,隔天再把薄皮去掉。我向来都是这么做的。年轻时什么事都会想要一口气做完,就是这样才会觉得麻烦。不过度勉强,适可而止好像是最好的。清理厨房也是一样,想到要一次整理完,就会提

●栗子包子

材料:10颗栗子、A(白豆沙馅、砂糖、麦芽糖)、B(面粉100g、砂糖50g、蛋1枚、星发粉1/3小匙、酥油1大匙)

1. 栗子连皮煮熟,横切成两半。用汤匙挖出果肉,加A混合,做出馅料。
2. 混合B做成面皮,用手擀成薄片,把馅料包起来,用烤箱烤。

★星发粉(速发酵母)是一种膨胀剂,适合日式甜点。

不起劲来，但如果只在有时间的时候，利用空闲每次只做一小部分，就可以顺利完成，也不会觉得辛苦。我总是认为弄脏的地方一定要花时间慢慢弄才会干净，所以总是不慌不忙地慢慢打扫。

刚收成的栗子不会很甜。连壳放冰箱冷藏一个月，糖度就会增加，而比之前甜很多。我们家都是先用冰箱冰一段时间，才拿出来剥壳吃。冰一整个冬天也没有问题。

要吃的时候，把皮稍微划开，放在烤鱼网上烤来吃。仓方早生的果实要趁热剥，才可以连内皮一起剥掉。在秋天晚上，修一会拿它来搭配葡萄酒。晚上喝一两杯酒是他每天的习惯。

不产栗子的时期，想要吃栗子时，我们甚至会特地跑到名古屋市内买甘栗。上了年纪以后，就会觉得这种纯朴的东西比什么都好吃。

**可以从院子采收各种蔬果的生活又丰富又快乐。**
**我们种树是希望对下一代有帮助。**

● **糖煮栗子**
材料：栗子、细砂糖
1. 栗子连皮煮熟，横切成两半。用汤匙挖出果肉，用耐热容器盛装。
2. 加细砂糖混合，盖上铝箔纸，用烤箱烤到细砂糖遇热溶化的程度，然后用布巾绞干。
★也可以加麦芽糖。

# 营养又美味的柚饼子 　　　　　　——英子

　　我们家每年都会结出许多小颗的花柚子（外表像橘子，皮有很浓的柚子味），住在附近的左藤先生看到，就说可以做成柚饼子，还教我做法。我以前没有吃过这种东西，也没什么概念，但是这一做就做到现在，已经有十几年了。

　　那位左藤先生是兽医，租田地种稻子。秋季完成脱谷后，他会帮我把稻草运到这里。稻草可以撒在菜田上，有的话帮助很大。我则是送给他自己烤的甜点或柚饼子，好像在以物易物。他应该是越后（本州中部的新潟县）那边的人，柚饼子对他来说应该是很家常的食物。他说可以切成薄片配饭吃。我想以前的人去农田工作时，就会带着饭团和柚饼子，在山野中吃。里面加了味噌、胡桃、芝麻等东西，营养很丰富。

　　如果手边有许多柚子，不妨做做看。可以用来下酒，当茶点吃也行。柚子要剔除果肉，只用皮的部分，所以果汁可以拿去做菜。要是不马上使用，果汁可以冷冻起来。

　　里面塞的味噌是用八丁味噌、白味噌和红麴味噌等三种混合的。不同种类的味噌加在一起，味道会更浓郁。

●柚饼子
材料：花柚子60颗、A（八丁味噌、白味噌、红麴味噌各700g、面粉100g、甜菜糖700g、捣碎的胡桃和花生各100g、全粒芝麻80g）
1. 切除柚子上方三分之一的部分（当盖子用），用汤匙挖除果肉。
2. 将A混合均匀。
3. 把去掉果肉的柚子当成容器，塞进2到半满，然后加上柚子盖，蒸三个小时。蒸好后用布巾盖起来，在通风的地方放三天风干。用和纸一颗一颗包起来，捏紧调整形状，再用橡皮筋封口，风干约一个月。

★把味噌塞进柚子容器中时，要尽量避免掺入空气，也不能塞太多，塞太多的话，蒸的时候会膨胀溢出，因此分量要少一点。

# 开始种菜

——英子

附近有一家使用有机咖啡豆的咖啡馆，店主好像对我们的生活很有兴趣，听说她们买下一百五十坪的土地，打算花三十年的时间开辟成可观的菜园，前几天还来征求我的意见。我建议她们，要先从调配土壤开始。我明白一开始想要种上一大堆东西的心理，因为我刚开始开辟家庭菜园时就是这样，可是调配土壤是最要紧的。这个建议是根据我以前的经验。

这里是削掉山林产生的造地，我们家就是在一开始先在田里倒土。我请修一帮我订泥土，但卡车运来的却是田土。要是他先问我，我就会告诉他要选择"山砂"。田土一下雨就会变得黏答答的，天气晴朗时就又干巴巴的，实在没办法种植作物，让我不知如何是好。不仅是这样，田里还会不断长出无数的小杂草，逼得我不能不将变硬的土打碎，去除杂草，再加进腐叶土，把下面的土翻上来，重复不断地做这些基础工，花了长年累月的时间改善土壤。正因为这样，我才会叮咛咖啡馆主人："千万要买山砂来配土！"一台小卡车的量就够了。要混合咖啡渣或腐叶土，堆在泥土上，才开始种植。土壤必须耐着性子慢慢地调配，不是一朝一夕就能完成的。

# 利用身边的东西
———英子

  为了使土壤肥沃，我们在里面加了大量的落叶，再混合熟成的堆肥。我们会把家中的蔬菜渣、蛋壳、茶叶渣等厨余全部丢进堆肥里，上面再铺上干燥的落叶，还会经常爬到上面用力踩，因为不压一压的话，就会保持疏松的状态。不会有臭味的。等到桶子满了，就直接放五个月不动。等里面的东西分解，变得脆脆干干的，就可以撒在田里了。像蛋壳虽然会保持原样，但只要撒在田里，就会马上化掉。营养真的丰富到没话讲，对家庭菜园来说是最大的助力。

  虽然分量不多，在地上撒一撒，很快就没有了，但是身边的东西可以这样利用是很好的事情。要是拿出去丢掉，那就纯粹只是垃圾，如果加以活用，土壤就会肥沃起来。不必依赖市面上的产品，只要愿意做，就可以轻轻松松地做出来。

  不知在什么时候看到电视上的烹饪节目，有农夫把许许多多的东西丢进田里，像昆布、贝壳什么的。昆布含碘，贝壳含钙。只要是人吃的，对人体有益的东西，都会变成土壤的营养，植物应该也会开心地接受。所有生物都是一样的，可以从这方面去想，把营养加进土里面。我觉得要改善蔬菜的味道，还是得从土壤着手。我们家也是一样，跟刚开始种植的时候比起来，现在种出来的味道好很多。但也许是从水汽较多的泥土中长出来的，像马铃薯还是感觉水水的，地瓜也不够松软。或许中间应该再混一些山砂进去，可是这需要体力，所以拖到现在都还没有实行。

我以前种过冲绳的岛路荞，它最后变成了"津端家的路荞"。栽种鸟取砂丘[注1]的纯白色路荞时也是一样，种出来的东西有点黄黄的。就像水上勉先生[注2]在《吃土》（新潮文库）这本书上说的，什么样的土壤就会种出什么样的植物，所以我们可以理解，地方特产的蔬菜适合当地土质，只能在那里生长。再说到水，我们家会用常滑市[注3]做的大水壶接雨水，用来浇菜田。这也是尽可能利用自然产物的方式。我这个人就是不喜欢浪费。今年夏天很幸运，傍晚都会下雨，省下浇水的麻烦，轻松多了。毕竟用水壶汲水再提到田里是蛮费力的。

《修一的自言自语》搬来这里之前，英子就说要用堆肥的方式处理厨余。由于市政府提供奖励金，我们就高高兴兴地买来堆肥桶开始做。搬到这里以后，桶子增加了不少，现在已经有七个堆肥桶，摆在一起做肥料。

---

*1 位于鸟取县鸟取市临日本海的海岸，属于山阴海岸国立公园的特别保护区，也是日本政府指定的天然纪念物。
*2 一九一九年—二〇〇四年，昭和时代的代表性作家。
*3 位于爱知县，常滑烧是有名的传统工艺品。

## 无论如何都要"呵护"

——英子

　　这里是婆婆送给我们的土地，必须交给下一代，所以外子和我都不认为那是属于自己的。我们要加进更多更多的落叶，使泥土变得更松软更丰富……只要泥土变好，谁都能种出东西，毕竟连原本什么都不会的我也种出来了。

　　女儿说："妈，请你把什么时候播下什么种子之类的事情都详细写在纸上。"我回答她："只要泥土变好，随时都能种出东西，你大可以照着自己的方式做。"只要记住在春分或秋分的前后七日内播种，就不会有错了。太早播种的话，种子会受到霜害，所以播种要选时机。我也碰过播种后都没有发芽的情况，但是这也是一种经验，因为你会去思考原因，哪里出错了。对象是大自然，你只能顺应它。不要企图种出跟农家一样漂亮的蔬菜，先抱着姑且种种看的轻松心情去尝试。

　　等到芽冒出来了，就要在一边呵护，像照顾小孩一样。幼苗阶段要花很多心力，长到一定的程度时，就在旁边看着。而再大一点以后，放在一边不管也没有关系。不过我常常觉得，我们总是以为自己在照顾蔬菜，其实接受照顾的可能是自己。

有时候会有人来询问如何教养小孩，要我提供意见，我大致上只能回答，最好多多锻炼动物性的感觉。与其翻来覆去地和别人讨论，不如先用自己的头脑想一想。这种事情不能光听别人说，也必须仔细观察，去察觉对方的需求。毕竟不是每一个人都一样，每个人都有不同的特点，没有可以依循的说明书。

　　在田里种菜也是同样的道理，就算是同一种植物，也绝对不会完全一样。仔细看大小和形状，就会知道。芽是朝向哪里？叶片有没有精神？观察这些细节，就会慢慢了解。是不是肥料不太够……有这种疑虑，就给它加点肥料。我之所以能够用自己的方式走到现在，就是因为逐渐领悟了一些事情。所以先自己种种看是很重要的。

　　阳台也可以种菜，但不必特地去买盆子来种。跟超市要来装鱼的保丽龙箱，底部钻一些小洞，把土倒进去，就很好用了。对于刚入门的人，我都会建议从叶菜类开始种，因为容易种植，不大会失败。也有人只是种下葱的根部，就可以一直剪上面的部分来吃。新手大可以从这么小的事情开始做，例如煮味噌汤的配菜。刚开始不要想着要种出什么气派的蔬菜。自己种自己照顾，就会慢慢掌握要领，所以先种种看再说。

# 决明子茶——自种自喝二十年 ——修一

我们在喝茶时间或饭后都是喝决明子茶。这种茶不仅能净化身体,也有整肠的效果。如果连续几天的天气都不好,不能下田做事,不就会运动不足吗?这时就容易便秘。这种毛病可以用决明子茶解决,所以这种茶真的让人很感谢。

我们家总是会准备十二个附提把的纸袋,有收成的豆荚就在每一袋放进相同的分量。一袋以一个月份的决明子茶为准,挂在通风的仓库天花板上,一边自然干燥一边保存。完全干燥时,豆荚会变黑。

喝茶时,从黑色的豆荚取出种子,用铁锅炒一炒。跟芝麻一样发出噼啪噼啪的声音时,就可以熄火。用一茶匙的量冲泡,会出现类似白兰地的颜色。用茶杯的话,可以喝十杯。

我曾寄给住在松山的朋友,她来信致谢说:"我小时候也常常喝决明子茶。大人喝绿茶,小孩子喝决明子茶。夏天到了就改喝麦茶。这在每个人家都是习以为常的东西,却不知道在什么时候把它忘记了。"在这个富裕的时代,只要有钱,什么东西都买得到,但是很遗憾,市面上并没有卖决明子茶的。种苗公司好像也没有贩售这种植物。

为了推广决明子茶的功效,几年前我为《野菜田》(家知光协会）这本杂志写专栏时，在栏外特别注明"赠送决明子种子"，结果收到了来自日本各地的明信片，让我大吃一惊。

　　由于获得的回响超出预想，家里的存货不够应付，但我想每一个人纵使只能分到一点点也没关系，能够寄给越多人越好。后来收到了一百多封的谢函，来信的人说，他们培植出决明子，还把收成的种子送给朋友，继续推广。因为接到来信以后我都会回信，到现在还有人和我通信。

　　全日本都有不同世代的人在重新评估这种茶的价值，真令人高兴。虽然微不足道，但是能够以这种方式和世界接触是很快乐的事。只要身体还健康，我想我会实实在在地做下去，这也是在对未来播种。

　　这种植物虽说是"决明子"，但正式名称是"草决明"，属于豆科的一年生草木。它的生命力旺盛，春天播种后，放手不管也没有关系。它不会长虫，不需要照顾，种在盆子里也会长得很茂盛。

　　我们家已经种了二十多年的决明子，光是无意中掉落的种子就会长出许多芽，根本不必费神去播种。它总是在不知不觉中发芽，最后会长到一米高，在夏天开出鲜黄色的花，接着就会长出豆荚。等到秋天豆荚变成褐色，就可以采收了。

●草决明

豆科。原产于北美，日本是在十八世纪初引进。中医用来缓泻、强身、治眼病。日本民间将烘焙出的成品称为"波布茶"。与茶叶相同，对通便有帮助，一般认为能增进健康。

天气变热时，我会用决明子茶代替水，大口大口地喝。用小茶壶泡会来不及，英子都是把炒好的种子放在珐琅制的大水壶里面，一次煮很多。

要是大家也能够喝这种茶，并开始检讨自己的生活方式，那就太好了。除非是自己有自觉，否则人是不会改变的。

《英子的自言自语》我们都会准备决明子的种子送给来访的客人。种子还在豆荚里面，用袋子装着。大家都会兴冲冲地带回家。希望大家都能够种出来。这种事情从很小的范围开始就可以了。要是可以像风吹一样持续不断地扩散，那就好了。持续不断地。

# 种大麦泡麦茶

——英子

我们在广岛住了十年,当时很照顾我们的吉田先生送给我们这种大麦品种,我们就把它带回来了。从开始自己种植到现在,已经有将近三十年了。十一月播下种子,就会在寒冷的冬天长出青翠的嫩芽,用脚踩一踩小嫩芽,就可以在初夏时收割。我们种了两个区块(四坪),才足够供应一个夏天的麦茶,所以收成量并没有多少。但是为了给孙女花子喝,我们每年都会种。

我小时候也是一样,夏天都喝麦茶。煮饭的小工要用炉灶炒菜园种出来的大麦,这种炒好的大麦称为"烧麦茶",用好几个长筒似的铝制容器装起来,放在井里面冷却。既然自己种了,自然也会想要为花子这么做。

随着天气变暖,麦穗逐渐膨胀,前端会慢慢变成黄色。这时就会有不知道来自哪里的麻雀过来吃,我们就在上面罩上保护网,不给它们吃。但就算这样,麻雀还是会来,而大麦种得不多,对我们来说也很宝贵。今年受到了天气的影响,长得不是很好,也就稍微提早收割。做法是把长得很长的大麦连根拔起,再割下麦穗的部分。上了年纪的人,力气会变弱,只好减少抓在手中一次拔起的数量。太用力时会伤

耕土

到腰，所以速度要放慢，中间也要常常休息。麦穗割好，就摊在草席上晒干，这时就换鸽子来吃了，所以要移到通风的仓库，在里面风干。麦穗变得枯黄时，就开始脱谷。这一连串的工作都是修一帮我做。他很细心，会用啤酒瓶把谷粒打散，再用手搓揉，然后利用电风扇的风选谷，在风扇前倒出麦子，有重量的谷粒就会掉落，用筛子盛装这些谷粒，冲洗过后再次晒干。

　　这些步骤都完成了，才进入炒大麦的阶段。需要准备的东西是炒锅。炒的时候大麦会膨胀增量，所以最好使用比较深的锅子。把大麦放进锅中后，刚开始要用大火炒。锅子一热，麦子就会啪喳啪喳地弹到锅外，这时就得把麦子捡回来。很快就会变色，但是还早得很呢。虽然尖端烧焦了，升起熊熊的烟雾，还是要用木铲不断地翻搅。麦粒膨胀成圆形时，就表示里面熟透了，火就可以慢慢减弱。这是我自己的做法，很难说清楚究竟要炒到什么程度才算完成，反正就是依直觉决定。

　　我就像这样做出供花子喝一个夏天的麦茶。虽然要经过很多步骤才能做出来，但只要花子觉得"真好喝"，一切都很值得。自己做不仅有成就感，也比较安心，耗费的心力根本不算什么。正因为这样，才能持续下去。

# 遇见欧洲的菜园

——修一

距今三十年前,我还在广岛大学教书时,去欧洲第一次看到菜园。有九成的人住在没有院子的公寓里,那些人却拥有庭院。听说整个欧洲正在流行种菜时,我非常讶异。

法国是整件事的源头。我就去了解法国人的生活,还在报纸上写文章介绍,因为我觉得该是大家察觉"没有庭院的住宅不能称为住宅"的时候了。这时泡沫经济正在破灭的平成(一九八九年起)初期。像德国的法兰克福等大城市,也都有供大家使用的市民农园。原本让市民亲手开辟农园就是德国在产业革命时期想出来的对策,用来解决失业问题。而二次世界大战时为了解决粮食难以自给的问题,以及二次世界大战后为了安顿在战火中失去住宅的市民,政府也曾以四百多平方米为一区块进行重分配。即使是杂乱拥挤的地带,也是每户都有维生的土地。又如俄国也有"从自家菜园学习慢活"的政策,纵使历经政治和战后的变革,政府仍让老百姓拥有自家菜园,他们因此能维持稳定的生活,熬过剧烈动荡的时代。

说到可以耕种的庭院,欧洲也答应提供农地给人民,作为继年金与福利之后的第三项社会保障制度。可以说,使欧洲社会维持稳定的就是"没有庭院的住宅不能称为住宅"的民间观念。而这也是一种社会性的巧思，帮助银发族独立自主，而不是完全仰赖政府提供的福利。

在我小时候，连东京都还有相当多的农地，那是很有魅力的空间，大家都在种植自己吃的蔬菜。但现在的制度已经变成只要有钱，想要什么都可以马上取得，也许大家都觉得这种制度相当理想，而纷纷抛弃土地……事实上，钱这种东西极为脆弱，不过是纸片罢了。政府其实应该拨出土地，免费送给人民，比如扣押土地进行重分配。这在现实中大概是不可能的，终究是一种理想。大家只能自行思考，如何取回自己的庭院。

我也跟英子说过，大家在口头上都会说"我们"，但实际上是"我"，每个人都必须在生活中思考自己可以做什么，要有只靠自己一个人去解决的企图，而不是依赖群体。社会的保障再周到，年金领得再多，没有土地的生活还是称不上幸福。大家要不要先从用盆子种蔬菜开始呢？

\*编注：修一参与过台湾林口（一九八二年）与淡海（一九九〇年）的新市镇计划，从他给编者看的规划图中，有一张社区模拟漫画，也是强调"家庭就要有院子"，所以社区住宅内要有共用的庭院，庭院内有小孩子玩的铲土。

# 最后回归尘土 ——修一

我家院子的杂树林中有油橄榄、鹅耳枥、枹栎、麻栎、光叶榉树、糙叶树，都长得很茂盛。三十五年前，我有个朋友在林务局上班，我请他在山上收集各种树的幼苗，总共有一百八十棵，我一棵棵地种上去，然后这些树好像在比赛似的变得又高又大，经过十年就变成了高矮不一的小树林。现在我会把高大的树砍下来，像我家种香菇的原木都是靠这个杂树林供应的。

每年开春时，我会把菇菌打进约有二十条的新原木中，再将原木竖立在北侧不大有阳光穿透的竹林下。干燥是绝对要避免的，所以我经常用水管浇灌。快的话，夏天一过就会长出来。有些香菇要等到明年或后年才出现，完全不理会我们这边的需要，随性地选择现身的时间和地点。自然的东西都必须花很长的时间耐心地呵护。

至于人类社会，已经进入想要马上看到结果的时代。不论是学校还是企业，都过于注重可以直接看到的数字或结果。有的人早熟，有的人有自己的步调。以我家的小孩来说，那个架子上不是有一幅米勒的《播种者》吗？那是我二女儿念国一时在美术课用黏土做的。"真是杰作啊！你好有才华。"我当时大大地夸奖她，还告诉她，"你是大器晚成型。"我完全没有让她去补习，她公立学校毕业后就去念短期大学，后来成为她喜欢的幼稚园老师，现在也还在工作。都已经五十多岁了，却依然不觉得疲累，继续努力工作。看她那个样子，我就很庆幸以前给了她很多赞美。那个大城市有很多私立学校在培养优秀人才，但结果如何呢？依我的看法，生长的环境有种种不同类型的人会比较好，这样才能培养出健全的人格……跟自然界一样。

话扯远了，我们种香菇是在搬来这里以前，最早是种在公寓住宅的阳台。那时发现有人在卖原木，就半信半疑地和女儿一起把菇菌打进去，然后立在墙边。有一天就有小伞冒出来，而且没几天就长得很大，采下来吃，味道真好。肉质又厚又多汁。这种事还是要靠自己去尝试，否则无法体会个中的趣味。

我们家每到冬季，就会把原木拿到浴室直立摆放。里面很温暖，又有适当的湿度，使香菇源源不绝地冒出。泡在浴缸里，数着长出的香菇，感觉爽快极了！原木刚开始很重，密度也很高，但差不多过了三年就会出现很多空洞，必须更换。出现空洞的木头并不会当成垃圾丢掉，而是让它花时间腐烂，直到回归尘土。

# 可乐饼

——英子

"今天晚上要吃什么?"每天都要做饭,不知道要煮什么的时候,我都会问修一,尽管知道他通常会回答:"可乐饼好了。"也许是他的身体有这种需求。觉得好吃的东西是再好也不过的,所以问他:"晚一点开饭也没关系吗?"他会说:"没关系。"我就去菜园挖马铃薯,拿到屋里开始做。

我们家种的马铃薯有两种,一种是"出岛",另一种是"印加的觉醒",做可乐饼主要是使用出岛,因为水分少,口感蓬松。印加的觉醒里面是黄色的,块头小,但是味道很棒,煮久了也不太会化开,直接油炸就很好吃。今年的马铃薯成果和之前相比,感觉水分多了一点。每年我都会种两次,春天和秋天,到目前为止已经种了几十次了,经过这么多的经验累积,还是会有些年长得很好,有些年长得不好,培植作物真的不容易。

大部分的料理我都会在有时间时做起来冷冻,唯独可乐饼是现吃现做。毕竟刚炸出来是最好吃的。女儿那边我都是寄冷冻的过去,她用微波炉热一下就可以吃了。

我们家没有微波炉。以前女儿说比较方便，帮我买来微波炉和压力锅，结果我都不大会用，就还给她了。我对机器就是没办法。本来就没有用过那种东西，也不明白女儿口中的"方便"是什么意思，更何况我并不觉得这种生活有什么"不方便"。

　　也许使用微波炉，马铃薯一下子就熟了，可是我家都用蒸笼蒸。中式炒锅加水再放个蒸笼的做法是最稳当的。蒸笼是竹子编的，不会有多余的蒸汽留在里面，可以把食物煮得很松软。我热饭、蒸蔬菜也都是用这种方式，而且冷掉也很好吃。

　　有些肉店或熟食店是用猪油炸可乐饼。我们家喜欢清爽的口味，所以选择生菜沙拉用的菜籽油。我会在有点厚度的铁锅中倒进大量的油。也许是因为这样，有人看到就问：用过的油要如何处理？我会用卫生纸过滤。在空瓶口放一张卫生纸，然后把油倒进去，但是要趁着油还热的时候倒，不然冷掉的油有黏性，会变得不好过滤。滤过的油就用来炒菜，或再度拿来油炸，最后用到疲乏了，就倒进堆肥当肥料。从来不会当成废油丢掉。

●**可乐饼**

材料：马铃薯、碎牛肉、洋葱、盐、胡椒、外皮（面粉、打散的蛋、面包屑）、炸油

1. 马铃薯带皮蒸熟，趁热将皮剥掉，放在碗里，用研杵捣成粗粒状。
2. 牛肉切成小碎片下锅炒，再加上切成沫的洋葱，撒上盐和胡椒。
3. 捣好的马铃薯与2混合。用模具压出形状，依序裹上面粉、打散的蛋和面包屑。
4. 用热过的炸油炸成黄褐色。

★马铃薯要趁热剥皮，这一点很重要，因为皮冷掉就会变得黏黏的。

# 用马铃薯做面包

——英子

　　说到我们家的早餐，外子的是白饭，我的是面包。我觉得要吃就吃自己喜欢的东西，所以都会准备两种。

　　我小时候肠胃一直都不好，吃的点心不是小圆糕就是蛋煎饼，记忆中不曾吃过一般的蛋糕，顶多是长崎蛋糕，而那很有可能是母亲自己做的。在四方形的木框中铺一层粗砂糖，倒进面团烤一烤就完成了，很简单。

　　我半田老家有一个法国制的气派铁炉，差不多和我一样高，家人经常用它来帮我烤面包等东西。念女校以前，我都是吃母亲亲手烤的面包。晚上看到母亲在磨马铃薯，我就知道："啊，要烤面包了。"磨好的马铃薯加上酵母，倒进一升容量的瓶子，塞进棉栓，就要拿到温暖的浴室。毕竟我们家是酿酒店，对发酵有相当程度的了解。第二天就将发酵种倒进面粉中，用手揉出面团。这时就会散发出香味，让人迫不及待地等着面包出炉。

　　烤好后，母亲会拿起烫手的面包撕成两半，再捏着边缘用力一扯。如果可以撕下平滑的薄片，她就会开心地说："烤得很成功！"但是刚烤好的面包是她所说的"生面包"，必须再用火盆上的网子烤成吐司，否则是不会给我吃的。又因为我的消化能力很差,有时候会加葡萄干一起烤,产生香醇的味道。

虽然看过很多次母亲做面包的过程,我却对制作细节完全没有印象。长大以后,虽然很想做那种面包,却不知道关键是怎么处理的。万不得已,只好照着书上写的做。那种味道的面包,实在烤不出来。

结婚以后,在原宿的房子居住时,后面巷子有一家名叫"菱屋"的面包店。店里也有卖牛肉咖喱,价格不便宜,但味道很好,就有买面包来吃吃看,居然和我母亲烤的味道一模一样,让我非常惊讶。住早稻田的弟弟来家里玩的时候,我就问他:

"你都去哪里买面包?"

"菱屋很好吃,我来你这里以后,都会在回程时去菱屋买回家。"

"你觉得那里的面包怎样?"

"很像妈妈的味道。"

他这一说,又让我吃了一惊。啊,味觉的记忆是叫人忘不了的。

# 竹林的副产品

——修一

初春时，朝北的竹林会冒出一支支的笋子。每年都会从各个角落长出十多支，其中只有两三支会被我们吃掉。在地面稍微冒出头时，我们两个就会讨论："是要增加竹子还是吃掉？"一旦决定吃掉，我就会去仓库拿锄头，马上把它挖出来，因为笋子长大会变硬，苦涩味也会更重。由于没有施肥，又是从含有大量腐叶土的泥土中长出来的，尽管称不上是风味独特的美味笋子，但也足以自种自夸，说是有春天的味道。挖出来以后就要切成两半，连皮加米糠开始煮。英子说："既然是现采的，煮三十分钟就够了。"可以用它来煮硬米饭和款冬之类的菜一起煮，或是把底下坚硬的部分切得很细，混在水饺馅中，吃起来会有独特的嚼劲，味道好极了。

这片竹林是在移植山上挖来的竹根后慢慢形成的，经过差不多十五年才开始收成，现在要花心力维护，适度地疏伐，才不会长得太密。砍下来的竹子可以做篱笆，或是当成棍棒使用。花子还很小的时候，我也曾剖开竹子，做成吃流水细面的竹架。竹子真是万能，就看你会不会用。我很庆幸不只有杂树林，还种了一片竹林。竹子真的是很便利的副产品。

## 无农药种植的技巧

——英子

夏天时，随着蔬菜的成长，杂草的生长态势也相当可观，两三天就变得很茂盛。有时候我会觉得根扎得很稳固的杂草简直就是敌人，但现在不像以前那么在意了，可以抱着泥土自然会长草的心情。

看完蕾切尔·卡逊写的《寂静的春天》这本书，我就更加坚持无农药种植的原则。事实上无农药种植是很辛苦的。我们家的菜园曾经出现大量的蛞蝓，必须在晚上拿手电筒驱除。这阵子有很多蚜虫，青虫也是在所难免，看到时就要马上除去，稍有疏忽，所有叶片就会在一夜之间被虫子吃光光。

但光靠人力驱除是有限的，还是要设法利用自然界的东西。我们在梅树、杏树和樱桃树下种了韭菜，有时也会把韭菜割下来铺在根部上。据说果树上的蚜虫不喜欢韭菜散发的气味。这就是一般所说的"共生植物companion plant"，而在柿树底下种蘘荷也有同样的效果。还有，我们家的菜园角落有一棵樟树，长得很快，必须定期剪枝，也因为是做樟脑的原料，味道很重，对驱赶菜虫好像也有帮助。剪下来的树枝还可以当成驱虫剂放在衣橱里。我都会像这样想方设法，尽可能利用身边的东西。

# 与自然和昆虫共存

—— 修一

　　我正在想着，番茄长大了，必须给它加支柱，可是支柱已经给青豆、豌豆和蚕豆用了，该怎么办呢？用来做支柱的细竹枝是跟农业合作社买的，以一把为单位贩售，材质有塑胶和天然竹子。不知道为什么，天然的比较贵，但我觉得自然生长的真竹子比较好，就选了这一种。

　　用了一段期间，前端会裂开，所以常常要补强，已经连续用了四五年了。天然竹子用久了也不会让人讨厌，人工做的塑胶品就会越来越难看，显得很不自然。我就是不喜欢这一点。

　　英子要种菜、采收，我则是在旁边帮忙，负责耕田、收集落叶、保养工具。像消毒果树也是我的工作，要把瓶装的竹醋液依三百到七百的比例稀释，这样就不会引起皮肤过敏，可以放心使用。我们家是天然的生态系统，菜园里有很多虫子，也会吸引许许多多的野鸟来吃。可是我女儿和孙女来这里时，都会嫌虫子太多。都市人对虫子很敏感，和跟杂草一样强韧的我们大不相同。我们去菜园时也会被蚊蚋叮咬，擦擦药，两三天就好了，并不会介意。但说是这么说，我们也不喜欢被叮咬，做农事的时候，身上都会带着蚊香。

现在的蚊香也和以前不一样，加了大量的化学药品，所以我们会尽量去买毒性少的产品。这一带的商店都不卖这一种的，我们必须去市区购买，一次买下整个夏天的用量。经常看到杀虫剂广告，强调喷一下就可以驱虫，非常简单，可见里面含有多么强的化学药品。我想不只是虫子，人也难免受害。

再怎么讲求安心、安全，如果人类只顾自己的方便，过着违背自然的生活，绝对不是好事。从各方面来说，人类都变得越来越虚弱。实际上，不跟自然和平相处是不行的。

《英子的自言自语》这么小的一块菜园就有这么多虫子。连一般认为已经很罕见的日本蜜蜂也经常在我们家菜园出没，也许是因为这里有很多会开花的植物或果树。不只是我们，对虫子来说，这里可能也是和"桃花源"一样的地方。

简单最好

# 舒适的圆木小屋　　　——修一

　　这间房子是以建筑大师安东尼·雷蒙（Antonin Raymond）[注1]位于麻布笄町的住宅兼工作室为雏形设计的。雷蒙先生是我这一生最尊敬的人，我想要沿袭他的精神。在战后物资贫乏的时期，雷蒙先生就想到使用鹰架圆木和三夹板等最便宜的材料盖房子，而建造出工作室。

　　我当初会在雷蒙先生底下工作是因为去前川先生的事务所求职，他却说今年录用的人选已经决定了，而写了一封推荐函给我："你拿这个去雷蒙事务所看看。"因为前川先生[注2]也曾在战前跟着雷蒙先生学习。我就这样从东大的建筑科毕业，在昭和二十六年（一九五一年）进入雷蒙事务所。

　　最先令我惊讶的是雷蒙先生杰出的才华，以及在他身边聚集的具有丰富资历的人，有的从事建筑，有的设计结构，有的能够在工地说服技艺精湛的师傅。那是一个大家庭，当时大约有七十名员工。在成长的时期，与能力高强到无法超越的人近距离接触，让我获得了宝贵的经验。这对我日后的人生来说，也是一笔丰厚的财富。

---

*1 安东尼·雷蒙（Antonin Raymond）（一八八八年——一九七六年），生于捷克，师事美国建筑师赖特（Frank Lloyd Wright），来日本建造帝国旅馆，留下许多现代建筑作品。
*2 前川国男（一九〇五年——九八六年），生于新潟，曾师事柯比意（Le Corbusier）、雷蒙，是现代建筑的先驱，也曾领导日本建筑界。

我并不是直接听取雷蒙先生的指令做事,但是他确实对我设计的建筑产生影响。事务所也经常有吉村先生[注3]等人来访。雷蒙先生毕竟给人地位崇高的感觉,我没有和他一起吃过饭。

不过,我结婚的时候,他送给我一对诺哎米·雷蒙小姐(雷蒙夫人)设计的椅子。椅子有扶手,坐起来轻松舒适。后来他还说要送我一张桌子,我觉得过意不去,就没有接受。英子说:"你应该收下的。"对物品不执着的她难得说出这样的话。那两张椅子我们很爱惜,一直用到现在,完全不显旧。

盖这间房子时,我把住宅公团[注4]给的八百万日元退休金都用掉了。那是三十多年前的事情,由长野县山口村的木匠一个人盖出来。他是工务店推荐的人,做工很细。我很想再见到这位木匠,不知道他现在好不好。

鹰架圆木是"间伐材"[注5],要营造没有柱子的空间,就必须巧妙组合这种木材。这是最省钱的方法,还可以产生很大的空间。我奢侈了一点,用山毛榉木铺地板,不然可以更省钱。听说日本的间伐材没地方用,我觉得大可以像这样用来盖房子。

---

*3 吉村顺三(一九〇八年——一九九七年),生于东京。曾师事雷蒙,以融合日本传统与现代主义为宗旨。
*4 日本政府设立的特殊法人,在都市兴建公营住宅。
*5 为了维持森林树木的间距而砍除的直径较小的树木。

其实雷蒙先生建造的房子非常朴素，更加单纯。那栋木造建筑好像是在强调他"简单最好"的理念，我这里则是加了厨房和浴室等要用到水的部分，变得有点复杂。但是没有玄关这一点也是模仿雷蒙先生的房子，经常使第一次来访的人找不到入口。大概连小偷也进不来吧！这个单间房屋有三十二张榻榻米大，天花板是挑高的，感觉很开阔吧，让人感到轻松自在。夏天时，我会把吊床绑在这根梁柱上，让女儿或孙女舒舒服服地睡午觉。

窗户比雷蒙先生的尺寸小一点，雷蒙先生的是六尺五寸，我们家是六尺。打开窗户，就会有随着四季变换的杂树林景色映入眼帘。这里的前面是公园，看起来好像是连成一片的绿意。阳光透进来的程度会随着季节变化，人对景色的感觉也就跟着改变。杂树林的叶子在冬天掉落时，阳光会更深入屋里，所以傍晚以前都很暖和。夏天时，有茂密的叶子挡住阳光，屋里就可以保持清凉。

《英子的自言自语》在这么大的单间房屋中生活，感觉很舒适。初次来访的客人进屋时通常会吓一跳，毕竟这房子和一般人的概念不太一样。

## 依时节替换的乐趣

——英子

　　五月下旬时，我们家会把拉门换成适合夏季的芦苇门。摆在餐橱架上的餐具也会从陶瓷换成玻璃的，寝具也从羊毛换成麻质。光是更换这些东西，屋里的气氛就会完全改变，心情也跟着焕然一新。

　　我生长的半田老家也是这样，会随着季节变换，从库房把器物拿出来，更换屋里的摆设。夏天会铺上藤制垫子，拉门换成芦苇门，火盆换成用桐木挖空、看起来比较凉爽的白色盆子。冬天则铺上厚厚的绒毛毯、哥白林织品<sup>译注</sup>的桌布，也换上用屋久杉挖空的火盆。每年都是用同样的模式更换，真令人怀念。壁龛的挂轴、香台和香炉也会不断地变换，年幼的我常常会去窥探："啊，又换了。"我还是小孩的时候，对那样的生活非常有兴趣，毕竟日常生活并不是那么多彩多姿，日子只是重复的积累，以前的人才会把玩心用在这上面。

　　我也是在六十岁以后才开始的。年轻的时候并不会去更换拉门或餐具。也就是说，我是在年纪大了以后才慢慢发觉，花这些心思不仅好玩，也很重要。这里面隐含着珍惜每一个时节，使生活更丰富的精神。

*译注：十五世纪时由哥白林（Jean Gobelin）发明的织物，运用各种色线精致巧妙地织出人物、风景等图样。

# 鉴赏真品

——英子

　　我重视的是生活中的器物，而不是自身的装扮。因为家庭经济并不宽裕，没办法把钱花在那里，但是我想可以把眼光放远，花很长的时间一件一件地购买真正的好东西，迟早会凑齐。

　　刚结婚时，我经常会利用做完家事的闲暇去逛民艺品店或古董店，只是纯欣赏，没有钱买。可是这样也是乐趣无穷。青山不是有一条古董街吗？我经常去那里。欣赏的时候，不是会有东西在体内累积吗？我觉得那是很好的学习。我也曾经告诉女儿："你们要趁着年轻多去别的地方看看。"我也跟花子说过："要多看一流的东西。"从小就经常接触一流的东西，自然会知道什么才是好东西。

　　父亲晚年时，我经常陪他去逛古董店。我们会在星期天下午散步时，顺便走到离半田市中心很近的古董店。那时我还在念女校，完全听不懂父亲和老板聊的话题，但我会一边听他们愉快地谈话，一边欣赏店内的物品。我对器皿的喜爱应该有一部分是受到娘家生活的影响。餐具可以衬托料理，所以我非常爱惜。

# 积存时间

——英子

"购买的东西要传给下一代。要买就买好的，绝对不可以买便宜货。"这是娘家的教诲。

结婚后，因为有帆船之类的开销，没有钱应付别的地方，我买东西时更加慎重，一定要买自己喜欢的，而且品质要好。只是堪用是不行的，我会耐心地等待买得起的那一天。对，这就是积存时间的生活。

直到结婚超过十年，我们的家具才正式买齐。修一有一天去长野办事，跟松本民艺家具的师傅聊天，从此就着迷了，认为"只有这个才是真正的家具"。后来花了三十五年的时间，从餐具橱、五斗柜、衣橱开始，一件件地买齐。

好东西会越用越好用。我们两人不知道是什么时候决定的，嫁女儿时，要让她带走这些家具，而不是送给她们一组全新的。我们还叮咛她们："这是你们的陪嫁，要小心使用。"每年都要清洁一次，把家具的抽屉全部抽出来，和女儿在太阳下擦拭，教她们怎么保养。结婚以后就要处在和以前不一样的生活环境中，难免会害怕。如果身边有之前用过的器具，也许就会产生受到保护的感觉。

那边有一个蓝色的直立大火盆，从我祖父之前的年代，它就一直被摆在酿酒店的泥地房间中使用。我哥哥关酿酒店时，把它让给我了。以前客人会围着这个直立火盆，一边站着喝茶一边谈生意或聊天。上面总是搁着一个铁壶，有白色蒸气从壶口冒出来，那景象仿佛就在眼前。我不知道那是什么地方的窑烧出来的，但是蓝色的釉药很漂亮吧。我小时候就非常喜欢这种色调，现在早晚都可以欣赏到，真的很开心，心情总是会平静下来。

修一也为我高兴，他说："生活中有超过一百年历史的东西在身边，真是件好事。"不知道为什么，旧东西就是能让人放松心情。可以像这样继承上一代留下来的物品，实在很幸福。要是我们也能够将这样的东西留给下一代，那就太好了。

**亲手营造奠基于生活的资产，就是"积存时间"的意思。**

# 四季麻糬

—— 修一

  日本人都会在正月吃麻糬，其他时候就不吃吧？我们家倒是整年都吃，而且麻糬一整年都不会断货，因为我们每个月都会做"四季麻糬"。跟培根一样，整年都做，而且不必大费周章，很快就能做出来。我们俩分担的角色是固定的，依照十足的默契，平静地完成工作。

  石臼和木杵由我负责准备。石臼很快就会冷下来，在严寒的冬季，捣麻糬之前要先把热水倒进去温热。这个石臼是在做冈崎墓碑的店买的，已经用了二十年，外形很漂亮吧，应该还可以用很久。其实这已经是第二代，之前用的是木臼。我在木曾[注1]的山上看到就着迷了，没有第二句话就买下来，但用了差不多十年，就结束寿命了。

  蒸糯米要两个小时，现在快要蒸好了。我今天准备了一升五合[注2]，分量比平常少，因为英子说："假如做太多，爸爸会很累。"她总是会依我的身体状况调整分量。

  我们经常做，早已驾轻就熟。我曾在花子小时候为她做了一根专用的小木杵，和她一同捣麻糬。"爷爷好棒！"她会这么称赞我。千方百计为女孩子制造种种回忆是很重要的事情，每次花子来我们家，我们两人都会设计很

*1 位于长野县
*2 约2.7公升

多活动给她玩。

　　捣麻糬不用花很多力气,只要懂得利用木杵的重量,像这样用木杵捣一捣,麻糬就会变得有弹性,可以拉很长。而且因为是自己捣的,感觉特别好吃。我们家一年要吃掉四十公斤的糯米,还有一百四十公斤的粳米。可以想见我们家的麻糬消耗量有多大。麻糬捣好后,英子会趁热调整形状,我就在这个时候收拾石臼。

　　我喜欢吃的是切下来的边,中间柔软的部分就送给帮忙我们的人或女儿。英子有很多处理麻糬的花招,所以百吃不腻,例如包海苔或蘸黄豆粉。午睡醒来吃的麻糬是最棒的,好像会让人产生精力,所以我经常说它是"精力麻糬"。

　　《英子的自言自语》我半田老家有一种做法称为"捏麻糬",一早就把酿酒的米蒸熟,摊在草席上放凉,然后用手心用力捏挤,做成约十厘米大的圆形麻糬。涂上甜酱油烤一烤,就好吃得要命,弹性十足的嚼劲是无法形容的。

# 享受费时耗工的生活 ——修一

我有一些前辈说："你的工作确实做得有声有色，可是那是因为你有个比你出色的太太，才能够这样。"没错，真的是这样，我很感谢。我能够一直没生病活到现在，都是因为有健康的饮食。我还在上班时，英子都是每天早晨五点起床，为我做便当。而且我早餐一定要吃饭，她做的味噌汤都会用昆布和柴鱼煮高汤。

不过，刨柴鱼是我的工作。我会一次刨很多冷冻起来，供英子每天使用。看到剩下不多时，她就会说："请帮我刨柴鱼。"我就再刨一些。柴鱼的刨刀台是我做的。你看这一整片是用糖果盒的木头做的，刨柴鱼的刨刀本来也是刨木头用的。

事实上，这本来是战争时期做飞机的木工厂使用的工具。我十九岁的时候，厚木航空基地的旁边是"高座海军工厂"译注，正在为取名为"紫电改"的战斗机画蓝图。我在木工厂和画图处两个地方跑来跑去，当时有一些在横须贺做军舰的木匠们被派到那里，所以我一有时间就跟他们学习工具的用法。刨刀的用法就是在那个时候学会的。

\*译注：一九四三年至一九四四年二次世界大战末期，日本政府通过台湾总督府，在台湾征募八千多名十三至二十岁青少年，前往日本神奈川县高座海军工厂，以半工半读方式，从事生产战斗飞机工作，其中有一千多名少年工派遣在名古屋的"三菱重工"，十九岁的修一成为他们的监督者之一。一九四四年美军空袭名古屋，有二十五位少年工死亡。台湾光复后少年工返乡，等台湾解严之后，成立"台湾高座台日交流协会"，当年的少年工现已经八十多岁，二〇〇九年台湾高座会组团返回名古屋，就是由修一接待他们。

战争在半年后的八月十五日结束，我们最后的任务是在厚木基地准备迎接麦克阿瑟。做完准备工作，我搭军用车回家，却在中途受伤，被送到军医院。所以麦克阿瑟从飞机上走下来的时候，我人正躺在医院床上。等到伤势复原，回到基地时，已经有很多人离开了。看到地上散落着工厂使用的工具，我就捡了几个刨子、锯子等木工器具，带回东京家里。看到被空袭烧成废墟的景象，我的心中充满失落感，也觉得前途茫茫。这时发现自己没用制图工具就画出来的蓝图可以直接盖成房子，就决定去念东京大学的建筑学科。

与英子结婚是在战争结束十年之后。成了家，有了小孩，有一天忽然想起那时捡到的刨子。能不能拿它来做刨刀台呢？我就试着做出来了。那时英子说她想要买个正统的刨刀台，可是那时候没有钱，我就跟她说，反正是我在刨，有什么关系？就这样一直用到现在。工具是可以用很久的。咻、咻、咻，柴鱼是充满日本人智慧的最佳食材。以前的人居然能做出这么厉害的东西。像这样自己刨柴鱼，就随时都能喝到美味的高汤。也可以直接撒在白饭上面，做成茶泡饭。像这样费时耗工，生活就会越来越有意思。

● **小鱼干高汤**
味噌汤是使用加了柴鱼和昆布的高汤，白萝卜之类的炖菜则是使用小鱼干。小鱼干要先去掉头部和肠子，再稍微炒一下，就能煮出没有腥味、味道清爽的高汤。因为很快就会氧化，要放冷冻柜保存。

# 自己的房子自己维护

——修一

要维护一间独栋的房子,真的有许多事情要做。

我们家的屋顶是白铁皮,每五年就要刷一次油漆,也应该要重刷了,很多地方的漆都掉了。我正在计划选个天气好的日子爬上去刷。目前还有点冷,得在天气还没变热之前动手。等到梅雨季节,雨把屋顶冲干净以后再做也不错……这些都还要再想一想。

白铁皮屋挺好玩的地方是听得到雨声,也可以欣赏到橡子掉下来喀隆喀隆滚动的节奏。有访客时,碰到橡子偶然掉落,客人就会惊讶地问:"这是什么声音?"很有趣。

院子里的树木是用幼苗种出来的。这里面有实验性质,我想知道削掉表土整建的土地能不能恢复后山的绿意,现在幼苗已经都长成大树,种类也很多。这院子只有三十坪,就有这样的杂树林规模,大家看了都觉得不可思议。曾经有外国记者来采访,看到时很吃惊,因为以欧洲的气候来说,这种情况是无法想象的。季节风地带的气候带有复原力,再好也不过了。

树长得这么高，必须经常修剪。树枝太长会勾到电线造成停电，而掉下来的树叶太多时，邻居也会来抗议："叶子掉在我们家的院子里了，请把树剪一剪。"总不能为这种事情和邻居失和，我就说："好吧。"把梯子靠在树干上开始剪，但只剪一点点。

"请园丁来剪好了。"英子这么说，可是把树木照顾到这么大，怎么可以交给别人？已经有感情了。我觉得每棵树都有一个小妖精住在里面，甚至会经常去抱树，汲取它们的元气。连一根修剪下来的树枝都不能浪费，必须保存起来。剪下来的枝干可以做椅子或是设计成木盘，用处很多。

如您所见，这个房子非常朴素，全部是用木头做的，窗户也是请木匠用木头制作。木窗在以前是理所当然的，但现在几乎都是铝制的了。我不知道什么时候在报纸上看到，木头和铝的热导率很不一样。铝门窗虽然可以提高住宅的气密性，但是说到热导率，还是木窗比较温暖。你看我们家的窗户全部是木窗，住过就知道，木窗确实温暖很多。

钢骨住宅的气密性高，而且有防锈加工，可是经过三十年，还是会有漏水或墙壁损坏的问题。木头房子也是一样，木头不会生锈，但是经过风吹雨淋，墙壁和窗户也会损坏，必须涂防腐剂来维护。这件工作也是由我负责，但防腐剂的毒性很强，涂的时候要戴上口罩、护目镜和橡皮手套。涂一次的效果可以维持五年，下次涂是我九十三岁的时候，不知道还有没有能力做。

哎，只要身体还能动，修剪树木、维修房子之类的事情，我都要自己做。我不想要用钱解决，自己的房子还是要靠自己维护。对一个正常人来说，在生命终结之前能够自己完成各种事情是很重要的。

《英子的自言自语》我们家用的梯子是专业规格的长梯。因为树木长得很高，修一好像爬太高也会怕，每天都在练习上下梯子。"多上去几次习惯高度，等到天气暖和，爬上去就不怕了。"可是我在旁边看着，心脏可能跳得比他还快，连肚子都觉得不舒服。我说："请人来做好了。"可是除非他有同感，否则他是不会听从的。他这个人无论如何也要自己动手。

**在我认为，真正的富裕是活动自己手脚的生活。**

## 爬上屋顶 ——修一

我有时候会像这样爬上屋顶。那是高森山，标高二〇六米。那座光秃秃的山上，有一个称为"橡子作战"的活动，市民在那里种植橡树，恢复杂树林的面貌。旁边有自卫队基地，总是有飞机在飞。也因为这样，经常出现飞机云。我这个人很喜欢坐飞机，所以屋顶这种高度我根本不在乎。又因为以前开过帆船，也很习惯这样的斜度。

觉得怎样？这里是台地，风景不错吧？我们搬来这里时，一眼看过去只有被削平的山和滚动的石头，连一株草木也没有。我们家前面的公园以前有一个称为"石尾池"的大池塘，月亮映照在池水上时，会显得很神秘，非常美丽。几年前却因为缺乏运动场，那一带都被填平了。

这个高藏寺新城的整体设计是我做的。这是一个有意将集合住宅转化成新城，使住宅公团转化成都市住宅公团的象征性计划。才三十五岁就能承担这么大的任务，真是美好的时代。

上级说，以前都没有人为高藏寺新城的走向拟出计划，这件事就由你来做，我听了就开始画新城的蓝图。

起初提出来的计划书是只铺路而已，除了道路之外就只有山，而且沿着山脚弧线建造房屋。意大利在中世纪没有挖掘机的时代，人民花了很长的时间沿着山脚弧线盖房子，我就是想要模仿这个方法，在这里建造住宅区。就像路易斯·康[注1]的名言"城市就是山"，我要把房子盖在山边。何况我也认为把这块土地的记忆传递给新住民，也是建筑师的使命。

可是，土木承包商说："这样子没办法做。"根本不理我，最后还是用重机削去大量的表土，把山铲平，整理成住宅工地。铲平的地方不只延伸到高森山的山脚，还一阶阶地往山上扩展……糟糕透了。

有人说，挖掘机是神在当代误交给人类的最大凶器。日本开始使用是在建造水坝时，从美国输入机械。公团这个计划被誉为崭新的创举，当地报纸却批评说我们搞出了一个沙漠城市。

当时公团的标准设计总是以朝南建造为大前提，没有平整的土地，就不会有建筑物。只有标准设计可言的住宅公团要在山上动土，就只有铲平这个方法。我原先设计的配置计划在建造的过程中被改掉很多，变得面目全非。我是绝不会在高森山附近盖那么高的建筑物的……对于这座没有按照原计划进行的新城，我在某个时期之前，一直在烦恼要如何看待它，直到去欧洲考察时看到菜园，才受到冲击："原来都

---

[1] 路易斯·康（Louis Isadore Kahn，一九一〇年—一九七四年），美国建筑师，研究公共住宅问题，宣导供给的重要性。

市里面也可以过这种生活。"

正好母亲有意在这座新城盖一间房子养老,而买下三百坪的土地。几年后,她把这块土地让给我们,我就心想:"我们要在自己的院子种自己吃的蔬菜。就在这里!"同时也想试试看,如何在自己设计的新城过日子,并且让大家看看我摸索的成果。这么一想,就好像浓雾化开了一样,精神也就来了。

最近我在这个住宅区的角落看到一户人家把庭院打掉,开辟了一块小田地种植蔬菜。那房子看起来很像年轻人居住的风格,让我不禁感到高兴。

《英子的自言自语》日本以前要是拿欧洲当典范就好了,而不是学习美国……日本这么小的国家,根本不应该模仿美国。

# 思考适当的居住地

——修一

东日本大地震（二〇一一年）发生时，有东京大学地震研究所的教授表示："我们今后必须去思考适当的居住地。"确实是这样，必须从根本去思考居住这件事，而不能只是一味地讲求效率或方便性。

这里的高藏寺新城计划是在昭和三十四年（一九五九年）伊势湾台风发生两年后动工的。当时的台风引发五米高的大浪，使名古屋市西边海拔零米的地带多处淹水，灾情还越过岐阜，蔓延到大垣一带，损失相当惨重。我们一方面检讨防灾的缺失，一方面抱着"要预防大浪和洪水，就要在山丘建造新市镇"的想法，而建造了这个新城。高藏寺车站前的位置是海拔七十米，我家这里也有一百三十六米，所以是可以放心居住的地区。

我在公团上班的时期，曾在报纸上写过专栏，名称是《假如要住在伊势湾……》，昭和四十四年（一九六九年），中日新闻社有一位让人信任的记者足立先生，我和他两个人到处采访，调查各种情况。我们的目的是重新评估大海和河川，了解人民的危机感。结果发现，人民关注的焦点都局限在金钱、景气、方便性等方面，也依这些条件决定居住地。大家都对灾害的风险视而不见，当时大概也没有多少人会去注意我们那些报道。

我就是抱着这样的危机感，展开这高藏寺新城的计划。很自然地，我是在关东大地震发生两年后出生，而在伊势湾台风发生两年后，从东京搬到名古屋，负责建造新城，感觉好像受到命运的安排。

桑原干根先生担任过爱知县县长，也是我所尊敬的人。他是在昭和三十六年（一九六一年）完成爱知县的用水工程，在那之前爱知县的山丘没有自来水，是无法居住的区域。英子的出生地知多半岛也是一样，山丘地带缺水，无法种植作物。就因为这样，那里才会盛行种植不太需要水的棉花。桑原先生在战后缺钱的时候就预见了十年后的需要，而做出爱知的用水计划，向世界银行借钱展开工程，改变了地区的发展和人民的居住环境。

据说当时为了节省开支，都是由农民自己去勘查，了解水如何依自然的高低差流动，而决定水路。罗马人建造城市时，不也建造了水道吗？那长度顶多只有二十公里，爱知的用水道却有一百二十公里，可见有多厉害。高藏寺也是托了爱知用水工程的福，才能变成可以安全居住的地方。真希望大家能够以三一一大地震为契机，重新检讨居住地。要防范不知什么时候会发生的大地震，就不能只注重方便性……

# 每个人都要具备"存活的能力" ——修一

英子在半田生长到十六岁（一九四四年十二月）的时候，碰到震级七点九的东南海地震，受到很大的惊吓。刚好那时候还在打太平洋战争，为了避免影响国民士气，当局禁止媒体报道，所以知道的人并不多。据说有许多建筑物倒塌，也发生了海啸，牺牲者超过一千人。也因为这样，英子本能的危机意识和我不一样，她会坚持种田，坚持过这样的生活，应该与过去的经历有关，是她的防卫本能驱使她这么做的。

我要开帆船出海时，都会先把所有工具搬上去，这样碰到问题时就能自行处理。到了海上，不论碰到多大的暴风雨，在回家之前，都只能靠自己。我就曾经遇难过六次，但每次都活下来了。能够幸存和运气好有关，可是最大的原因是做好了危机管理，事先有所行动。

住独栋房屋也是一样，本来就必须考虑到危机管理。每一个人都要确实做到。可是城市居民却都把危机管理的工作交给了别人，才会一发生灾害就出现抢购之类的事，造成恐慌。

听说上次三一一大地震发生后，商店的水和米等粮食很快就卖光光了。那时刚好有客人从东京来，她说买不到米，我就把家里的米分一些给她。我们家吃的是农家定期送来的糙米。米和麻糬是主食，没有存货就会不安，所以我们家从来不会缺货。

还有，为了在灾难发生时也能够煮食，像锅炉、煤炭等基本配备，我们都准备妥当。田里面有蔬菜，又有保存的食物，可以支撑一段时间。我们不想给别人添麻烦，也希望能够帮助身边的人。

就算想要仰赖国家或行政系统，也是会觉得不安。那次地震发生时，政府各方面的因应措施不是都过于缓慢吗？那些人总是以情况超出预想为理由……根本不能指望。现在好像不是付了税金就可以得到援助的时代了，每一个人都必须具备存活的能力。"只有自己和家人才可以相信。"我和英子都有这种观念。

以前的人都自己种谷种菜，所以不会特别去考虑"储备"的事情，家里有半年或一年的存粮是理所当然的。我们每隔两个月就会去名古屋市内购物或办事，还在讨论是不是应该准备一些食物以防万一，就发生了那次大地震。从此以后，我们都会随身携带饭团和饮水。

## 骑越野车轻松上坡

——修一

　　洗衣服是由我一手包办。英子不是会把毛巾缠在腰上当围裙吗？还有桌布也是经常替换，做农事时穿的工作服和手套也会不断地丢出来洗，所以洗衣机一天要转动两次。我都会用水桶把浴室用过的泡澡水提到洗衣机那里。一直弯腰会痛，我都是弯着膝盖，小心翼翼地把动作放慢。衣服洗好要晾干，干了又要收起来叠好。英子是在酿酒厂长大的，当时是男性优先的社会，有女性衣物要晾在男性后面的规矩，所以英子都说："要是父亲还在，一定会生气。"

　　我还在上班时完全不做家事，但现在时间很多，也会洗洗纱窗和纸门，只要看到可以做的事情就去做。这样也是为了自己，我觉得人就算上了年纪，也要每天尽量活动身体。要是成天对着书桌写东西，头脑也会转不动。一天一次充分活动身体到流汗的地步，脑筋才会比较灵活。

　　不过前几天有件事让我吓了一跳。我要从庭院走到田里时，脚在有高低差的地方踩空，幸好没有受伤。我们家会在有高低差或树枝伸出来的危险地方用显眼的黄色做记号，提醒经过的人。一般人会修理这种地方，或是消除高低差，做成无障碍空间，我们家却故意保留，因为在生活中保持紧张或警觉是很重要的。

　　说到活动身体，我不开车，所以自行车就像我的双脚。我会骑车去居家用品店买东西，或是去邮局。去年英子帮我买了新的自行车，那是有十八段变速齿轮的越野车，连斜坡也可以轻松地骑上去，非常舒适。不过用自己的脚走路也很重要，我也会尽量多走路。英子不是经常来回花上一个小时去天然食品店吗？所以她走路比我快很多，我只能跟在后面。听说人的衰弱是从双脚开始，所以尽量多走路是最基本的养生。用钱来装点人生的最后阶段是要不得的。我们花这么多心思过生活，就是为了健健康康地走向人生终点。

　　《英子的自言自语》修一不论是在外面还是家里，总是在叮叮咚咚地做着什么。他周末的习惯是"头脑体操"，玩报纸上的填字游戏。他也经常向杂志社或报社投稿。"奶奶，前阵子报纸上有你的名字噢。"花子的话让我吓了一跳。啊，是修一写的……

所有生活来自于厨房

# 成为上班族的妻子

——英子

我完全没想到会变成上班族的妻子,毕竟是在传了好几代的酿酒厂出生的,会嫁进商人家庭是理所当然的。当然,父母亲也是抱着这种想法养育我。母亲经常叮咛我:"要随时为别人着想。"既然是商人的女儿,就一定要做到这一点。

所以我从小就受到彻底的训练。要维系有两百多年历史的商家,女性一定要够坚强,不能考虑到自己。母亲是在与商人没关系的企业家中长大的,从二十岁嫁过来就不停地劳动,以至于在年纪轻轻的四十九岁就过世了。我想她这辈子算是鞠躬尽瘁,过得很辛苦。

到了适婚年龄,我和酿酒店、味噌店等商家的儿子相亲了很多次,可是那些人不是看起来像花花公子,就是说话老是在赚钱的话题中打转,实在受不了。最重要的是,我是在近旁看着生意人辛苦长大的,觉得自己实在不适合,就都拒绝了。

可是我也没有自信可以靠自己赚钱生活。我在学校什么事都只会说"是",个性也内向到无法说出自己的意见,甚至从还是小孩的时候,就在认真思考未来的梦想:"我要在杂树林中盖一间房子，过着独立自主的生活。"

就在这种情况下，有一天住名古屋的叔父提起："以前有一个学生来参加帆船比赛，曾在酒厂住过，他现在是建筑师，要不要考虑看看？"我就这样顺水推舟，和这个人相亲了。依我模模糊糊的记忆，这人穿着四五年前的白色长袖衬衫和皱巴巴的麻质长裤，脚上套着草鞋。最主要的是建筑师这个行业令我产生兴趣，再加上他胸怀大志，想要建造城镇……于是六月相亲之后，该年十二月就举行了婚礼。

我是在许多人的簇拥下长大的，过着什么事都有人代劳的生活，所以刚结婚时依赖心很重。"请别人做就好了嘛。"我自己没有发现，但是碰到问题时，总是把这句话挂在嘴上，他就经常督促我说："那可不行。什么事都要自己一个人做。"

我对不习惯的家事也是拼尽全力，而且处在和半田完全不同的环境中，每天都好像在做"即兴表演"，总是手忙脚乱，惊慌失措。而修一也在尝试新的事情，一件又一件地换。总而言之，婚后大约有二十年的时间，一直觉得好像在面对前方拼命追赶，也就在不知不觉中，把"在杂树林中……"这个梦想忘得一干二净。

# 空气一样的人 ——修一

我和英子相亲是在昭和三十年（一九五五年），地点是在原宿的家。她穿着淡粉红色的洋装，和哥哥、嫂嫂一起来。虽然没有讲到什么话，却觉得她在旁边"跟空气一样，不会让人不自在"，感觉很不错。那次相亲后，我就给英子写信，也就是一般所说的"情书"。几乎每天都写，而且是长信，不是明信片，数量应该不少。

结婚后必须有地方住，就决定在母亲住家的旁边，盖一间四方形的小木屋。那是三层楼建筑，总面积有十点五坪。那是我自己画设计图，第一次自己当建筑师兴建的房子。后来就在一楼车库开始做取名为"诺亚"的帆船。我打算搭乘这艘帆船，展开两人的婚礼。婚礼是在该年的年底，十二月。我的计划是：我们两人搭乘这艘自己做的帆船，请婚礼来宾搭租来的船，然后把船系在横滨港入口的赤灯塔上，一边欣赏夕阳一边干杯，接受大家的祝福。可是当天是刮着北风的寒冷日子，海面也是浪涛汹涌，实在不可能把船划到赤灯塔，只好死了这条心，大家进到有玻璃窗破裂的海马俱乐部，先一起干一杯再说。但是实在太冷了，我们又打着哆嗦跑到中华街的饭店，在那里举行庆祝会。吃完饭离开饭店，我们就被推上绑着许多空罐子的车子,回到原宿的家。车子是朋友安排的,依当时的标准,我认为这场婚礼算是相当出色的。

结婚生活就这样开始,英子可能有被丢进惊奇箱里面的感觉,毕竟一切都和半田的生活不一样。我一直都很迷帆船,也总是我行我素,曾经突然拒绝上班、事先没吭一声就辞掉大学教职,变成自由工作者。渐渐地,英子也好像变得跟我一样了。

圣·埃克苏佩里[注1]说"爱就是一起朝向同样的方向",不过英子一直都有自己想做的事,也脚踏实地地实现了。幸好我们是同一种类型的人。到现在她仍然和空气一样,不会让人不自在。所以我结婚以后一直都很幸福,女儿们应该也有同感吧。

《英子的自言自语》"这是东京大学毕业的建筑师盖的房子吗?"看到那间新房子时,我吓了一跳。到了冬天,一楼车库的墙壁和地板会结霜,二楼餐厅地板贴着沥青砖,看起来很雅致,可是冬天脚会冷。三楼卧室是木头地板,这点还不错,可是楼梯没有扶手,而且很陡峭,上下楼都要用爬的,我当时心里在想:"这里根本不能住人!"

*1 (一九〇〇年——一九四四年),法国飞行员、作家。代表作有《夜航》《小王子》。此语出自《人类的土地》。

# 从可靠的商店购买食物

——英子

我会在发年金的月份买下两个月的粮食,这已经是多年来的习惯。粮食是生存最必要的东西,所以要先准备好。调味料、海苔、昆布等做菜不可缺少的东西,也会在这个时候订购,并且付清款项。味噌是买京都的本田味噌,酱油是和歌山的角长牌,日本酒和味醂是岐阜的白扇酒造,海苔是爱知的糟屋海苔,昆布是福井的奥井海生堂,已经三十多年都向同样的店家购买。这些产品都是来自有传统的良心企业或自营业,可以放心食用。

现在各种各样的食材都可以就近取得,可是无法知道制作者是谁,买这种东西来吃,总是会觉得有点不对劲。食物很重要,既然要吃,就要吃品质好的。这是我的想法,并不是特别讲究。

蔬菜方面差不多可以自给自足,其他的肉类、豆腐、乳制品等东西,也都是跟固定的商店买,需要时就会去那里。

我们在东京生活的时候,都是在纪伊国屋超市买齐所有东西。搬来名古屋以后,刚开始很困扰,不知道要去哪里买东西。后来去了很多家店,自己也做了一番调查,知道这里或那里好不好,最后选中了两家店,一家是家族经营的"飞驒里木曾物产",另一家是主要卖当地鱼获的"鱼周"店。两家店的位置都在荣町,买东西很方便,所以在那之后我都去这两家店买。现在我都是从高藏寺搭公车再转电车过去,单程大约要花一个小时。

明明知道很重,我却总是忍不住买下各种东西。我很怕背行李,可是两手并用,各提一袋的话,再重也不在乎。但修一不忍心看我提重物回家的样子,后来都会跟我一起去。

飞驒里木曾物产是家族经营的店,从来不说"欢迎光临"。掌店的是老板娘,性格直爽老实,似乎又可能从她口中听到"你想要便宜就去别家店买"这样的话。但是相对地,她让人觉得可以信任:"啊,这种人经营的店铁定不错。"因此我在这里买了许多食材试吃,果然觉得可以放心。

这家店不大,一眼就可以扫视完毕。除了蔬菜和水果,还有各种干货,到处摆得满满的,每一样确实都很好吃。最主要是够新鲜,连干货都不例外。海产是从日本海那边来的,豆子是丹波或北海道的当令产品。在这家店看到时不立刻买下来,很快就会卖光,以后要买就得等到明年。

紫萁是我每年都很期待的产品,由飞驒高山的老婆婆在春天从山上采下来,放在太阳下晒干,再用手搓揉制成,一定要到入夏以后才会在店面摆出来。由于产量有限,非常珍贵，而且是依古法制作，很花时间，煮过以后果然很好吃。这种知道制作者是谁的产品，这家店很多。我不知道他们是通过什么渠道选择商品，以家庭经营的规模，要在全国搜寻到好东西，真的不简单。

以前是夫妇两个人经营的，现在是儿子和媳妇，女儿好像也会帮忙看店。人手增加时，一般的店家通常会想要扩大营业，这家店的规模却和以前没有两样。也因为这样，熟客非常多。这是一家做生意讲求信誉的商店。

《修一的自言自语》出去买食材时，我会背一个大背包，再拉一个行李箱，以万全的准备前往。英子却是用两手提着可以装满行李箱的物品，有够强壮。不到四十公斤的身体，两脚瘦得跟木棍一样，竟然能……令人佩服。

**这么说，可能会招来误会，让人以为我们很有钱，其实根本没有。**

**我们购买好东西，但每次只享用一点点。**

## 知多半岛捕到的当地鱼 ——英子

开始住在东京时,我很讨厌放在薄木片上的生鱼片。我是在婚后才第一次吃生鱼。以前肠胃不好,家人都不让我吃,能吃的也只有白肉鱼,青鱼几乎都没吃过。

半田面对着知多湾,鱼获非常丰富。小时候总是拿在竹筛上堆成小山的熟梭子蟹当点心吃,到了秋季,家里就会租船,让所有酒厂员工去钓虾虎鱼。红对虾、短爪章鱼、鳝鱼……都可以在知多湾捕到,母亲会在盛产时用来做又甜又咸的佃煮。

自从搬来名古屋,我都是跟"鱼周"买鱼。那家店从祖父辈就和我们有往来,现在由孙子继承。商品种类和当时已经有很大的不同,上一代的货架总是摆满了当地捕获的鱼,现在听说当地鱼不太受欢迎,货还是会进,但是店头摆得不多,老顾客了解这种情况,好像只要跟店员说一声,店员就会拿出当地的鱼卖给他们。

刚才提到"鳝鱼",这种鱼的外表很像鳗鱼,骨头很硬,要用剪刀剪,跟鳗鱼一样烤来吃。我问过当地渔民,他说现在已经捉不到了。"以前常吃,只有半田的人才知道。"味道很好,比鳗鱼清淡,令人怀念。

修一喜欢吃鳗鱼，夏天体力不支时，就会说："我想吃鳗鱼！"所以我都会在冷冻柜存放一些，因为这一带没有吃得到的餐厅，也没有买得到的鱼店。鳗鱼也是跟鱼周买的，听说是在岐阜上游设陷阱捕到的。

　　忘了是什么时候，店里的人曾经通知说："我们弄错餐厅订伊势虾的日期，早了一天进货，要不要来拿？价钱会算你便宜。"我说："好。"就去拿了。品质变差就伤脑筋了，但只要东西新鲜，一切都好谈。做生意很辛苦，我是商家出生的，很清楚这一点。我们也很乐意保持互惠的关系，总不能老是单方面的麻烦人家。

**考虑要煮什么料理时，会针对现有的存货去想。**

**即使在中途不够用了，也会等到下次大采购时才买，而不会特地出去买。**

**可以用别种东西代替，不是非吃不可。**

## 热爱款待来客

——英子

自从花子长大,来家里玩的机会慢慢减少,大家就开始经常来看我们。虽然是靠年金过活,每个月来两三组客人,我们还能招待得起。也因为在种菜,才能像这样请客。蔬菜以外的食材,例如鱼肉等肉类,我都是一次买齐,放进冷冻柜保存,我就可以东挪西凑煮出料理。如果每次都要跑出去买材料,就算有心款待客人,也很难做到。

经常有人问我,做菜很累吧,可是一点都不会,因为我喜欢进厨房。更何况想到有人吃我做的菜,我会煮得更起劲,一点都不觉得辛苦。年纪大了,有客人来会受到刺激,也因此要做很多事情,不是很好吗?我们接收年轻人的能量,就会变得精力充沛,所以反而很欢迎客人来。

我老家是做生意的,家里一直都有客人进进出出的,所以从以前在某方面就很习惯有客人来。而不论谁来了,中午时间一到,我就会端出午饭,也没有客人和自家人的差别,大家都吃一样的东西。

知多半岛从古时候开始,酒、味噌和醋等酿造业就很兴盛,餐馆、艺妓园都集中在半田市内,有钱有势的人好像也经常在那里聚会。厨师多半是在京都学功夫,料理是京都式的，但也有时髦的西餐厅。半田有很多餐馆可以接待客人，可是母亲款待重要人物时，都是自己做法国料理请客。她甚至长期去名古屋的松坂屋学做法国料理。

"上厨房"有法国制的大炉子，架子上摆着许多洋酒瓶和罕见的调味料，西式餐盘和银器也很齐全。我不知道母亲请客时都做些什么菜，大人从来不会给我们小孩吃。很多海味，例如这个鱼肠、萤乌贼的腌制物，知多半岛都有，但是从来不会进到小孩子的嘴巴里。

我招待客人时，会在一星期前思考菜单，比如会去想，要不要煮平日不常吃的菜？我也会煮当时想吃的东西，冬天是炖牛肉或炖牛舌等热食，春初是散寿司或野菜天妇罗，夏天是能增进体力的蒲烧鳗鱼，或是烤牛肉、比萨、海鲜咖喱，还有其他东西。菜单通常会包括前菜、沙拉、汤、主菜、小吃和甜点，但用餐时不会一道一道地端出来，而是所有料理全部摆在餐桌上，这样才能慢慢享用。

年轻人的食量大，看他们吃饭的样子，我会很高兴，毕竟年纪大的人没办法吃太多。而且，平常只有我和修一两个人吃饭，不大会说什么话，一顿饭很快就解决了。但如果和客人在一起，就会一边聊天一边慢慢吃，修一也会胃口大开，吃下很多东西。料理还是要很多人一起吃，才会有好吃的感觉。"东西好吃是因为大家一起吃才觉得好吃。"母亲经常这么说，在我的记忆中，不管有什么吃食，她都会分给店里的员工吃。

我热爱款待客人这一点，可能也是来自母亲的遗传。我骨子里全是半田生活的熏陶。

1. 欢迎，欢迎。
2. 午餐
3. 午茶时间
4. 让您久等了，请吃一点。
5. 期待您再度光临。

# 千层面的回忆

——英子

我中午打算煮千层面。今天的客人都很年轻，分量比较多的千层面应该很适合。

我第一次吃千层面是在战争结束后。在那之前我连起司、肉酱都不知道，听到时很吃惊，心想那是什么东西啊？通常千层面是面皮和肉酱一层一层交替叠起来烤的，可是那时候吃的千层面是卷起来的。我今天想要试试那种做法。

现在就一边做肉酱用的牛肉绞肉，一边来聊聊那时候的事情好了。我们家是用博世牌绞肉机来绞出肉末，虽然有点费事，但这样比较好吃。只是我不怎么会用机器，这方面都要请修一帮忙。"爸爸，拜托你了。"

我母亲是在战争期间病逝，四年后父亲也离开人世，然后过了半年，战争就结束了。老家的酿酒厂逃过空袭，由两个哥哥继承。我那时已经从名古屋的金城学院专门部毕业，但是升上专门部二年级就被动员去劳动，整年都没念书，也就拿不到教师课程的证书。不过我还是觉得必须想办法养活自己，就去县政府介绍工作的窗口询问，结果找工作的人太多，被以"没有名额"拒绝了。我正失望地呆坐时，旁边有人出声说："要不要去面谈？"那人是大府院的男仆。这个时期没办法挑工作，先找个地方谋生好了，我就立刻去跟美国军官的太太面谈。

"那就从现在开始做吧。"我当场就被录用，从那天开始当女佣。那男仆会说几句英语，另外还有两名女佣，我想自己应该也没问题。

那栋大府院是美军接收的日本房舍，非常气派，庭院宽广，只住着美国军官和他的太太，以及两名幼小的男孩。

我每天清晨六点就离开半田的家去搭火车，在八点前进入大府院，餐桌上已经有当早餐的咖啡和面包，吃完就开始工作。早晨主要是打扫和洗衣服，下午是熨衣服和擦银器。熨衣服是包括桌布、衬衫、内衣等所有布类。我那时才知道牙膏可以把银器擦得闪闪发亮，学到不少东西。

料理几乎是由那位美国太太一个人包办，午餐总是红茶和三明治。晚上我们和那家人在同一张餐桌上吃同样的菜。当时吃了什么，我不太有印象，只记得吃过千层面，溶化的起司和肉酱进到嘴里面，觉得味道好极了。

另外，我也无法忘记在炎热的夏日喝的冰茶味道。先在杯子里放进大量冰块，再从上面注入热红茶。看到冲泡的过程时，还觉得蛮佩服的。现在已经没什么好大惊小怪的了，可是当时确实让我感觉到文化差异。

因为屋主是军官,每星期六都要开派对,做出各种各样的菜。圣诞节会烤火鸡、做圣诞蛋糕,还为我们每一个人准备圣诞礼物。

能够在那么好的环境中工作,真的很幸运。拿到的薪资也相当不错。虽然体验到很多事情,学到很多东西,可是差不多一年就把那份工作辞掉了。

那时听到我堂姊说要去东京位于千驮谷的津田商业学校念书,我就跟着去了。上午的课是打字,下午是英语。英语根本学不来,完全听不懂。打字就没问题,也拿到证书了,可是我想:"要整天打字赚钱,我才不干。"就回到半田家里。后来去德国系统的修道院学手工艺,学了差不多五年,开始觉得我除了结婚之外,没有其他的路可走。与其自己出去赚钱,不如找个人养我,努力做好家里的事情,跟我的个性比较合。就在这个时候出现和修一相亲的机会,我就结婚了。

啊,绞肉有这样的量就够了。"谢谢你,爸爸,做到这里就可以了。"在绞肉中加洋葱末一起炒熟,再加上牛肉烩酱稍煮一下,肉酱就完成了。接着用煮好的意大利宽面把肉酱和起司卷起来,摆在盘子上,上面淋一些肉酱,撒上起士,放进烤箱,烤到散发出香味,有点焦黑为止。

已经是半个世纪以前的事了,那些往事忽然浮现脑海,我就心想,来做个千层面好了。两个人的时候,才不会吃这种料理呢,因为有点油腻,一定会剩下。有客人来,我们就可以吃到和平常不一样的餐点,所以正好有这种机会。听到客人说:"好好吃啊",我就会很高兴。煮给别人吃真的很重要。

《修一的自言自语》英子在大府院工作时,我正在东京黑市吃住军的残羹剩饭。后来上大学时迷上帆船,从此无法自拔。那时甚至一年里面有八十天的时间在海上。

●英子式牛肉烩酱
炖牛舌、炖牛肉有汤汁剩下时,就倒在一起保存。烤一只鸡或做其他肉食时剩下骨头,就加上胡萝卜、洋葱、芹菜等芳香蔬菜一起煮出高汤,接着加番茄酱炖煮,就会变成风味独特的酱汁。

# 味觉的记忆

——英子

我们就像这样，用快递把蔬菜和保存食品寄给两个女儿，每个月大约两次。每星期轮流寄出，包裹里面装着当天早晨采收的蔬菜和果实等东西。今天早晨的收成是青豆，想给她们寄去。这种东西不是挺贵的吗？所以我给女儿各寄一包，只留一点点在家里吃。我觉得家里每个人都能尝到当令的食物是最好的，就算只有一点点也好。

在三月的女儿节，为了让大家吃散寿司，我会做鲷鱼松或散寿司的配料，五月节就做生坚鱼，然后给女儿们寄去。我们家也吃同样的东西，所以等于是一次做出每个人的量。每次都像这样寄送，就会有一起享用的感觉。虽然距离遥远，却好像在近处连在一起。事实上，依我的感觉，这种微不足道的事情非常重要。

我像这样连续寄了二十多年的"食物"给孙女花子，直到这阵子才终于觉得把味道传给她了。总得先让她吃，让她在年轻时尝遍各种食物。这时她只会把东西吃进肚子里，不会多想，可是等到年纪大一点，有了自己的生活，就会想起那些味道：那个时候奶奶为我做过……

我就是这样。我并没有直接从母亲那里学到做菜的手艺，可是吃了母亲做的菜，就不知不觉地继承了母亲的味道。正因为觉得传承这件事很重要，才会不断地寄送。每个星期都会想一些菜单，做很多东西。油炸物、关东煮、炖肉、可乐饼、水饺、烧卖等料理，加上烫过的蔬菜，用冷冻快递不停地寄，就能确保留下味觉的记忆。

"奶奶，不管高藏寺有什么东西都要寄来噢。"前阵子见到已经上大学的花子，听到她这么说。她觉得我寄的东西都很好吃，让我好高兴。

现在花子是大学生了，所以我会朝着便当菜或可以当夜宵的方向去想，另外还有每天都要吃的，比如昆布的佃煮、煮羊栖菜等等，一定都会放几样进去。以前我可以一次做出好几种，当天就动作利落地寄出去，但近来都是先做好冷冻，等凑齐了几样才寄。

隔天东西抵达，花子就会打电话来说："奶奶，谢谢您。"她的声音总是让我满心欢喜。她小时候吵着要吃章鱼烧时，我也曾和修一想办法做出来。先买来章鱼烧，研究里面加了什么材料。我们的头脑和手指头因此受到刺激，而恢复青春。像这样被活用是值得庆幸的。假如只有我和修一两个人，生活可能会单调无味。

总之，现在的人好像都很忙碌。我两个女儿也在上班，看她们那个样子，就算有心去做也没有时间，分身乏术。

这时候如果有爷爷、奶奶在旁边帮忙就好了。纵使没有住在一起，也有一些事情能帮得上忙。我们的作用还是很大的。

年纪大的人，需要别人帮忙的事情会变多，可是我觉得这是不行的。不能说女儿嫁人了就不用管她，或者已经独立生活了就要自己解决，家人终究是一辈子都要连在一起的。

我的大女儿曾经很过意不去地说："妈，您帮我做了那么多，我却不曾为您做过什么，真是对不起。"我回答她："你只把我做的那些事还给花子就可以了。"

"照顾过自己的人总是会先死，要偿还是不可能的，但可以把这份心意传给下一代。偿还的对象是小孩，而不是父母亲，这样子小孩也会同样地往下传，就像这样一代一代地传下去。"女儿听到就说："真的？"露出松了一口气的表情。

抚养女儿时，我也曾经用手工做了很多东西，但不会比为孙女花子做的多。当父母的再怎么努力也做不到那种地步，毕竟没有那么多时间。

也许不见得非得是自己的子孙或后代不可，谁都可以。假如每个人都能够像这样做菜给年轻人吃，味道就会渗进他们的身体。近来可能大人都不太做饭给小孩吃了，常常都会觉得今天很累，去外面吃算了。刚才也说过，女人必须对生活有更多的关注才行。

## 送礼的原始体验——酒糟腌菜　　　　　　——英子

　　这是酒糟腌小黄瓜。我前阵子才刚换了新的酒糟，要不要带回去吃？我喜欢腌菜，但是吃不完。能够送给爱吃的人是最好不过的。

　　我老家是酿酒厂，整年都过着身边有酒糟的生活。酒厂产生的大量酒糟会拿去给做"橘子醋"的中野家做红醋。半田有好几家酿酒厂，例如"盛田酒造"，也就是设立索尼企业的盛田昭夫的老家。半田的运河两边总是弥漫着酒醋混杂的气味，那种味道很难形容，让我到现在还很怀念。

　　新酒的酒糟是在二月底出来，这时会分给附近邻居。这件事在我升上小学三年级时成了我的工作，我会穿着制服，四处跟人搭声说："今年又有酒糟出来了，请尝尝看。"

　　酒糟也可以烤来当点心。现在到了出产酒糟的时期，我也会买来涂砂糖酱油吃，但是要先放半天，让水分稍微蒸发才拿来烤，口感会更香浓。

　　夏天来到时，家里照例要用酒糟腌黄瓜。仓库和酒仓之间的内庭有一口大水井，称为"外面厨房"，腌菜的事前处理和清洗东西都是在这里做。附近的大婶会用大板车拉来堆积如山的黄瓜，一些大姐或阿姨就围在水井边工作。先把黄瓜切成两半，用天宝钱币挖掉里面的种子，然后倒在草席上排好晾晒，等水分挥发得差不多了，就在正中央的凹处抹上粗盐，塞进酒糟，然后依序放进两斗容量的木桶中腌渍。这是每年的惯例，大家都驾轻就熟了，所以总是七嘴八舌大声说笑，非常热闹。

木桶会在仓库墙边排成一列，到了十月就换上新的酒糟继续腌渍，就这样连续摆三年。市面上卖的腌黄瓜颜色不是很漂亮吗？腌了三年，颜色就会变得那么深。熟成的酒糟风味会变得比较圆润，味道也就更浓郁，更好吃。

黄瓜像这样腌了三年可以吃了，母亲就会用木桶装起来，拿去送给关照过我们的人。我们家有酒桶师傅，所以也会请他们做专用来装腌黄瓜的小木桶。另外也会包起来送给附近的寿司店或日式点心铺，总之就是分送给大家吃。现在想起来，那就是我送礼的原始体验。人的性格真的会在不知不觉中被塑造出来。

就像有句谚语，门前的小和尚不用学也会读经，我也会在夏天用酒糟腌小黄瓜。我以前从来不曾直接动手帮忙，可是看过制作过程，就自然而然地学会了如何腌渍。年纪都这么大了，还是会想做，真是不可思议。

我们家每年都会腌二十条在田里收成的小黄瓜。修一不吃，本来不必腌这么多的，可是我喜欢做，就不禁腌了这么多，但送给客人的部分比我自己吃的多。今年又快到腌渍的时候了，不能不赶快把现有的吃掉。

酒糟腌床使用的酒糟是用板状酒糟和盐、粗砂糖混合的。岐阜的白扇酒造会在夏天出售酒糟和味醂糟，我们家是把同分量的两种酒糟混在一起使用，有微甘的味道。用酒糟腌渍时要注意，腌菜会在过程中出水，变得湿答答的，所以要依情况更换酒糟腌床。我们家都会更换三次，让味道进去。

我半田老家也会用酒糟腌许多东西，例如鱼片、变酸的咸萝卜。因为有许多人在我们家工作，必须做相当大的腌菜贮存起来，而且绝对不能因为味道变差就浪费食物，总是会像这样花心思补救。这也是一种生活智慧吧。

### ●酒糟腌小黄瓜

材料：小黄瓜、盐、酒糟腌床（酒糟、盐、粗砂糖）

1. 小黄瓜抹盐，去除多余的水分。
2. 制作酒糟腌床。在酒糟中加进盐和粗砂糖，用手搅拌均匀，倒进保存容器中。
3. 把小黄瓜放进容器中腌渍。小黄瓜会出水，酒糟腌床变得稀薄时，就要换上新的腌床。腌越久就越入味。

★换新的酒糟腌床时，最好把小黄瓜洗一洗，风干后再继续腌渍。

★用过的酒糟腌床不要一次丢掉，可以再腌别的东西。像鱼片用酒糟腌渍，会更甜更好吃。这时要先抹盐去除水分，再放进酒糟床。这时使用腌过两三次蔬菜的酒糟腌床就行了。

# 保持一身轻松

——英子

"我还没有给你围巾吧?"我都会忘记送给谁了。我每年大概会织一百条分送给人,没办法一一记住,不过修一有记录送给谁的档案,看了就知道。到目前为止,我应该织了不下五百条了吧。有小婴儿出生,我就会用纯白色的毛线织一条小被子送出去。织的时候我会很投入,但是一完成,我就失去兴趣了,而开始织下一条围巾。总而言之,只要有毛线,不论是夏天还是冬天,我都会织个不停。我并不喜欢四周有太多东西,能够保持一身轻松,也是因为会一直把完成的东西送给别人的关系。与其堆在这里,不如让别人拿去用,我也会比较高兴。又因为我从小就被灌输"钱是脏东西"的观念,把亲手做的东西送给帮助过自己的人,总比送红包好。

这是住在山梨县的侄女经常寄来的毛线。她会去买原羊毛,再帮我纺成线。你看有的是白色,有的是灰色,颜色很多,这是因为每只羊的毛色都不一样,但每一种颜色都很漂亮。要是织好的围巾有存货,我会请对方自己挑。拿到自己喜欢的颜色应该会更开心吧。

围巾不是用手织，而是用机器。毛线比棉线或丝线粗，织起来比较轻松。织机需要手脚一起操作，所以也是很好的运动。这条围巾的织法是"平织"，只是单纯地重复同样的动作，不停地织一整天，就可以完成一条，可是我一天只织两个小时，因为太认真的话，织完肩膀会痛，我不喜欢这种感觉，所以都会限制时间。可能就是像这样每天持续，才能够这么健康地活着。这么一想，就会觉得完成的围巾其实是手脚运动产生的副产品，是很难得的。对了，我小时候，住在附近的关阿姨经常会织毛衣、背心、袜套等东西给我，颜色缤纷，非常时髦。我们不能年纪大了就希望别人为自己服务，必须设法给下一代留下什么。直到现在我才想到，关阿姨应该也是抱着这种心情，才会织东西给我。

《修一的自言自语》这个毛线是侄女纺的，她的母亲已经九十二岁了，听说受到女儿的刺激，也开始织毛线，精神很让人敬佩。英子一直在织围巾，也一直在往外送。维持世间运转的不就是这种不求回报的善意吗？

## 女儿的陪嫁

——英子

去年我和二女儿开始通过函授学习"白线刺绣"。这是女儿邀我一起学的,很好玩,我每天晚上都在绣。晚上坐在修一的书桌前,点上台灯。做工很细,集中精神绣一个小时,眼睛就累了,再也无法做下去。接下来就只能泡个澡,上床睡觉,可是这一个小时过得很快乐。

刺绣有许多种针法或技巧,每个月都有课题,必须慢慢学习,也得花很多时间才能熟练,可是这种速度正适合我。有人看到针脚很细就说"您的手一定很巧",其实根本没有。呵呵,以前有裁缝作业时我都偷懒,全部都请女佣帮我做,可是连笨手笨脚的我多做几次也能慢慢学会刺绣。光是缝每边五厘米的四方形外围就要花一个小时。我每天晚上都在做,却一直做不完,修一就曾经在旁边喃喃说着:"不容易啊。"不能马上做出成品,确实不容易,可是绣的时候很快乐,才会一直做下去。手工艺都有这种性质。花子结婚时,我想要给她用这块白线刺绣桌布当陪嫁。也许是因为早就有这种念头,才会这么热衷。

刚开始机织时,我也想过要用自己织的布做棉被,给女儿当陪嫁。知多半岛是棉花栽培很兴盛的地方,以前很有名,甚至有"知多木棉"的称呼,毕竟那个时代每个人家穿的衣服都是自己织的。也许因为这样,我才会产生有朝一日也要自己织织看的想法。

宗广力三先生是绸织大师,也是人间国宝,我的大女儿有幸在他的门下学了两年,然后回到高藏寺。我就是在他的教导下正式学习机织,而且是从用草木染线开始。在动手机织之前有好几个步骤,都是既花时间又费工夫的,可是我那时候才六十多岁,还有体力,所以相当热衷。除了种菜之外,每天还会用机器织布。第一次织出来的是坚鱼纹的绸布。我把它做成棉被,让两个女儿出嫁时带走。以前的梦想实现了,真的很高兴。

女儿婚后就停止机织了。我觉得很可惜,本来还期待她持续下去,会有一些进展。可是考虑到要靠机织过活,恐怕这种行业是做不久的。还是要在不必担心金钱的环境中,才能持续。除非是得到足够赞助的经费或完全不必考虑经济问题的人,才能孕育出丰富的文化,可是这个时代太艰难了。要是大家都只穿大量生产的便宜服饰,会不会连留给后人的东西都变得贫乏无味了?

# 厨房是家庭的中心

——英子

我家厨房很小，没有热水。但就是因为小，什么东西一伸手就可以拿到，不必走来走去。说方便确实是很方便，可是女儿们一回来就会变得乱七八糟，很难收拾。厨房是家庭的中心，这一点男人是不会懂的。除了三餐，我还要做保存食品、做糕点，工作多如牛毛，一天大部分的时间都是在这里度过。不过，这个厨房的窗户很大，修一还会定期的帮我清洗纱窗和换气扇，所以我一直都可以抱着愉快的心情做料理。

我很喜欢京都的厨房，那是有泥土地面，用炉灶炊煮，天花板挑高的空间。也许是因为我小时候对生活的初体验就在那里。无论如何，厨房是我最喜欢的地方，也是充满魅力的空间。

我半田老家是可以追溯到江户时代的酿酒厂，有两百多年的历史，所以留着一些古老的规矩，像厨房分成"上厨房"和"下厨房"就是沿袭了旧习。我们家人吃饭是在有十六张榻榻米大的"上厨房"，店里的伙计、仓库工人、酒桶师傅、女佣等人吃饭的地方称为"下厨房"，内部是加倍的宽敞。

两个厨房用玻璃门隔开，不能自由出入。我小时候不能自己一个人在外面玩，所以总是把脸贴在玻璃门的小窗口上窥探，一边用眼睛追踪切蔬菜、烤鱼的情况，一边听在旁边帮忙的小工说话。去到那里，就会有一个陌生的世界在面前展开，非常好玩。

下厨房有一个低一阶的泥地空间，一个水槽和四个大炉灶都摆在窗边。墙边是黑得发亮的老旧大橱柜，青花瓷、有盖店章的沉重餐具都放在里面。天花板挑高到屋顶阁楼，看得到繁复交叉的裸露梁柱。这是一个宽广舒适的空间。上厨房是把下厨房处理过的东西再加工一下才摆上餐桌的小地方，与餐厅相连。

虽然厨房是分开的，但吃食并没有两样，内容是小工用大炉灶煮的麦饭和味噌汤、一汤一菜的配菜，再加上腌菜、煮豆和佃煮小菜，非常简朴。只是吃鱼时，"上"是白肉鱼，"下"是青鱼。吃肉时，"上"是牛肉，"下"是猪肉，例如"上"吃牛排，"下"就吃炸猪排。

每天吃的菜是母亲决定的，鱼店送鱼过来时，她会自己检查鲜度决定种类。她又要忙店里的事，又要管厨房，一定忙得要命。

## 用砂锅最安心

——英子

砂锅也是我们生活不能缺少的用具。我从年轻时就经常使用砂锅，不论是煮饭、做味噌汤、果酱，还是煮豆子、佃煮，全部都是用砂锅。我总觉得砂锅能引出食材的美味，而且日本人从古时候就一直在使用砂锅。

做昆布、小鱼之类的佃煮几乎都要花两三天的时间，重复煮一煮熄火放凉，煮一煮熄火放凉的步骤，让味道进去。所以说，砂锅真的很好用，而且可以直接摆上餐桌。炖煮的东西只煮一次是不会好吃的，必须从炉子上取下来放凉，味道才会进到材料里面。假如用的是铝锅，我会担心可能有金属成分跑进去，所以土锅是最令人安心的。我也觉得用砂锅煮果酱很好吃，火候比较温和。

女儿曾经送我一个压力锅，说不管是豆子还是什么都可以很快煮好，可是那种锅实在不行，再怎么简单、方便也没有用。

有一次砂锅坏掉，我改用法国制的铸铁锅煮饭，结果味道没有变，可是总觉得砂锅多一点温润的口感。修一非常爱吃饭，这方面的味觉比我还要敏锐。早晨用砂锅煮的饭会变冷，所以我都会放进电锅保温，但是到了晚上水分跑掉，修一就会说不好吃:"特地用砂锅煮的,却变成这样……"也许应该早晚各煮一杯米,但一方面是因为现在用的砂锅可以煮两三杯米,我都在早晨一次煮好当天的量。

《修一的补充》用砂锅煮的饭非常好吃。假如不只是金字塔顶端的精英懂得在生活中利用砂锅,连底层的人也认为:"用砂锅煮饭是常识!"那就好了。我们再怎么鼓吹也没有影响力,假如泽村贞子女士[注1]、幸田文女士[注2]、石井桃子女士[注3]等有生活哲学的人也能出面说:"这种生活是最理想的!"应该就会得到众人响应。想到这里,就觉得我们还不能死。

《晒干》

我们家有大、中、小三种不同尺寸的砂锅。用过以后,一定要放在阳光下晒到全干为止。像砧板也是,毕竟那是最容易滋生细菌的用品,但只要晒晒太阳,水分就会跑掉,产生杀菌效果,我不管什么东西,都常常放在阳光下暴晒。这是古时候的做法,可是既合理又让人放心。像酸梅干、腌黄瓜等腌渍物,做的时候不也是放在太阳下暴晒吗?

以前的人很懂得在生活中巧妙运用风和太阳。那时除了晒干没有其他办法,大家应该也知道这么做是最理想的。或许市面上的无菌用品很方便,吸引了很多人去买,可是我很希望古老的智慧不要断绝,能够继续传给下一代。

\*1 一九〇八年——九九六年,女演员、随笔作家。
\*2 一九〇四年——九九〇年,作家。
\*3 一九〇七年——二〇〇八年,儿童文学作家、翻译家。

## 款冬佃煮

——英子

款冬佃煮也是我从小就很熟悉的家常味。这是我回想母亲的做法，照着她的方式做出来的。院子里自己生长的款冬是以前去广岛就职时，从附近山上挖过来种在这里的。根扎得很稳固，增加了很多株，多到可以采下来做佃煮。茎太细会有筋丝，不好吃，所以做佃煮要选择茎比较粗壮的。

摘除叶片，撕去茎的薄皮。指尖会被汁液染得黑黑的，但我还是直接用手，动作比较利落，可以把薄皮撕得很干净。接着要晾晒一天。隔天泡水恢复原状后就开始煮，会出现柔韧的独特嚼劲和稍苦的味道，有种难以形容的滋味。想要吃起来甜甜的，可以加上黑糖和味醂。

前阵子我的味醂用完了，想用清酒代替，结果清酒也没了，就使用绍兴酒。那瓶绍兴酒是很好喝的陈酒，可是好酒也能增进料理的味道，没什么好可惜的。"材料一定要用好的。"母亲这句话依然留在我的耳边。

● **款冬佃煮**
材料：款冬、酱油腌梅子（154页）、蜂蜜腌梅子（154页）、柴鱼片、重味酱油
1. 撕去款冬的皮，放在外面晒一天。隔天将干透的款冬用水泡回原状。不喜欢苦味的话，可以多换几次水消除苦味。
2. 切成三厘米长，放进砂锅，加进酱油腌梅子、蜂蜜腌梅子、柴鱼片、重味酱油，放在炉上煮一阵子就熄火。隔天一边注意味道，一边煮到汁液收干，就完成了。

# 昆布佃煮

——英子

说到昆布佃煮，也许你会觉得很费工，其实很简单。放在炉子上煮一阵子熄火放凉，再煮一阵子熄火放凉，重复两三次就完成了。可以在做饭时顺便煮，一点也不麻烦。

要不要吃吃看？有一点点酸味是因为我是用蜂蜜腌梅子和梅汁酱油煮的。觉得不够甜的话，就再加黑糖。我们家几乎都不用精制的白砂糖。做佃煮用的是利尻昆布，从福井县的奥井海生堂买来的。

以前从东京搬来名古屋的时候，市内有家店在卖非常高级的昆布，价格当然也很贵。大概是没人买吧，那种昆布就在不知不觉中从那家店消失了。我问过店里的人，他们说高级昆布要先放几年才能拿出来卖。也因此才会有付出高价购买的价值……

我们家不只是昆布，也吃许多种海藻，例如海带芽味噌汤、冲绳的海温，或是凉粉调三杯醋[译注]，也吃洋菜。不过，任何东西都不能吃太多，还是会保持与其他食物的平衡，每次只吃一点点。

●昆布佃煮
材料：昆布、梅子蜂蜜酱（154页）或砂糖、重味酱油或酱油腌梅子（154页）。
1. 昆布用剪刀剪成小正方形，放进砂锅，倒进蜂蜜腌梅子、重味酱油，放一个晚上。
2. 隔天先煮到沸腾，再煮一会儿就熄火。重复几次这个步骤，把材料煮到变软、入味。
★做好后冷冻也不会变味，所以我们家都会多做一些，方便以后慢慢吃。
译注：以醋、酱油、味醂各一杯混合而成。

## 女人不论几岁都不能变得不可爱　　——英子

母亲经常跟我说："女人不论几岁都不能变得不可爱。"时时都要保持笑容，不能有忧郁的表情。也许就因为这样，我不太会忧郁，整年都是开开心心的，没有那种"好烦啊"之类的情绪。"妈，您为什么都不会有压力？"女儿曾经惊讶地这么说，这应该跟我从小受到的教导有关。

除此之外，我还记得母亲教我："女孩子不论碰到什么样的处境，都必须做出最好的应对，所以平常就要用身体去学习。"不是用头脑思考，而是让教导融入身体。幸好我是在这样的教养下长大的。虽然那段时期的记忆已经很模糊，但随着年纪增长，好像就慢慢了解了。

我是在八十岁以后才想起过去的点点滴滴，童年往事忽然在脑海中浮现，这才惊觉，原来我做的事情和以前一样。像食物也是在不经意中发觉，我已经会做以前常吃的东西了。时候一到，就会回忆过往。小时候的事情真的会根深蒂固地留在体内。

佃煮和腌菜我经常做。母亲就经常煮当地捕到的短爪章鱼、羊栖菜，或是称为"红对虾"，比小虾子大一点的肥胖虾子。

另外还有和佃煮不一样的甜煮梅干。沾着盐巴的梅干先泡水去掉盐分，再用砂糖煮。在梅花即将盛开时，仓库里头剩余的梅干就要拿出来消化掉。我也不知道从什么时候开始怀念这个味道，就使用吃不完的梅干做。

要是过度去除盐分，变得没有酸味，就会不好吃，所以这方面要好好拿捏。接着就只要保持梅干的形状，加糖煮一煮就行了，非常简单。我母亲是用黑糖，我则是用甜菜糖。煮好后用有盖子的陶瓷容器装起来，就可以在早晨吃面包时享用。修一喜欢吃酸酸的梅干，这一种只有我在吃，其他的就寄给两个女儿。我小时候也会拿这个当点心吃。

● **甜煮梅干**

材料：梅干、甜菜糖

1. 梅干泡水，适度去除盐分。
2. 放进砂锅，倒进足以淹没材料的水，加上甜菜糖，开火煮到汁液收干为止。

★盐分若完全去除，味道会变淡，因此这方面的拿捏很重要。加糖煮的时候要注意保持梅干完整。

# 腌梅干

——英子

以前每户人家都有梅树，腌梅干也是生活的一部分。我们家的菜园旁边也有梅树，母亲都会坐在由酒厂的年轻工人们拉的拖车去采收梅子，我则是骑自行车跟去，然后和母亲、女佣们一起腌渍。有一天看到隔壁小孩的便当中有一颗酒红色的梅干时，我吓了一跳，因为我们家的都是浮着盐粒的褐色梅干。那种颜色让我好羡慕，所以等到自己也会腌渍时，就很想做出那种酒红色的梅干，每年都努力尝试，最后还是没有做出来。

我半田老家腌的是青梅，但我现在用的都是成熟的黄梅子。不只是因为有香气，也可以把红紫苏的颜色腌得很漂亮。我都是先把还没有全熟的梅子用塑胶袋装起来，等过了两三天才拿出来腌。最适合的是自然成熟，从树上掉下来的梅子，所以我每天早晨都会去捡，一点一点地慢慢腌。每次都会依照梅子的数量计算盐分，不断地加进正在腌的梅干中。要说麻烦确实是很麻烦，但是生活就是琐碎小事的日积月累，所以我一点都不介意这些麻烦。

● 梅干

材料：梅子、盐、红紫苏

1. 梅子泡水放一个晚上，去除涩味。
2. 将梅子倒进干净的容器里，加盐腌渍。
3. 红紫苏洗干净，摘去叶片，用盐充分搓揉。去掉分泌的黑色汁液（苦涩成分），再次用盐搓揉，重复两三次，直到汁液变成鲜亮的颜色，然后和梅子一起腌渍。
4. 土用日（注：立秋前的十八天内）来临时，把梅子放在竹筛上晒两三天。完成后放冰箱冷藏。

★ 我是用比较低的盐分比例腌渍，只有百分之八，所以容易发霉，土用日之前每天都要照顾，早晚翻搅一遍，使梅子接触空气。等到土用日到了，就选择预料会连续放晴多日的时候拿出去暴晒，两三天都不要收，让梅子沾到夜露。红紫苏可以在晒至干透后，用研钵磨成粉，重复使用。梅子醋是先加热才倒进瓶子里，我会用它来腌嫩姜。

所有生活来自于厨房

## 用酱油腌梅子

——英子

　　我们家的庭院有"南高梅"和"小梅"两种梅树，做梅干是用南高梅，小梅是用高汤酱油腌渍。每年我都会用大瓶子腌十瓶左右，在冰箱存放一年才开始食用。不必计算比例。在干净的瓶子里塞满泡了一个晚上去掉涩味的小梅子，再注入满到瓶口的高汤酱油就行了。我做菜从来都不用量匙，总是抓个大概而已。这种酱油含有梅精，用在鱼贝类的料理上可以消除腥臭，而且会口齿留香。加在昆布佃煮里面煮，也会因为梅子的关系而加长保存时间。

## 梅酒和梅子蜂蜜酱

——英子

　　梅酒也是我每年都会做的。从南高梅树采下还没有成熟的青梅，泡水一个晚上去除涩味，再用冰糖和蒸馏酒腌渍。蒸馏酒是使用酒精度较高的四十度产品，到了十月就只取出梅子，留下蒸馏酒，在阴暗的地方存放几年。这种东西放得越久口感就越圆润，所以我都尽量放很久，才拿出来享用。

　　至于取出来的梅子，我会放进干净的瓶子里，倒进满到瓶口的蜂蜜，存放一年，再拿出来当调味料。我在家里煮昆布佃煮或沙丁鱼等青鱼时，都会夹出几颗蜂蜜腌的梅子，连籽放进去。梅子的微酸可以衬托出料理的清爽口感。又例如炖煮东西时，我有时候也会用蜂蜜腌梅子代替砂糖，所以这东西也是我们家不可缺少的综合调味料。

我会开始做这样东西是因为要将蒸馏酒腌的梅子寄给花子吃，但总觉得不够甜，就心血来潮，想要用蜂蜜腌腌看，结果味道好得超出想象，不知不觉就开始用来做菜了。

《修一的自言自语》英子每年都会把有十年年份的梅子酒寄给花子。有一年搞错了，寄出六年年份的梅酒，听说花子反映说："今年的味道不一样耶。"后来英子发现原来是她搞错了，对花子有那么敏锐的味觉感到吃惊。从小就习惯的味道，当然会知道。

# 路荞

——英子

甜醋路荞也是我每年都会腌的东西。我会做三瓶,各送一瓶给两个女儿。她们都很喜欢,好像也很期待。这是吃咖喱饭时不能缺少的小菜,爽脆的滋味是无法形容的。我看过一本食谱说,路荞在正式腌渍前要用盐腌过,可是我并没有这样做,而是直接用甜醋水腌。把路荞塞进干净的瓶子里,从上面倒进由醋、酒和砂糖混合而成的腌汁,然后放进冰箱就好了。假如想要保存一年慢慢吃,就得在一个月后把腌汁倒进锅中煮到沸腾,放凉之后再倒回瓶子里,放冰箱冷藏。每隔两三个月都重复这个步骤,就可以保持美味到最后。

腌汁每次都要尝一下,觉得不够甜就再放一些砂糖,觉得太浓稠就加高汤稀释,自己调整。细砂糖加太多会破坏爽脆的口感,所以我会稍微减少分量。我认为书上写的东西参考就好,自己的判断不会有错。不过我的做法都是自创的,失败的经验也很多。"妈,您做得那么认真,结果还是不行。"女儿经常这么说。可是像这样从经验中学习,就会得到属于自己的东西。

● **甜醋路荞**

材料:路荞、腌汁(醋、酒、细砂糖)
1. 除去路荞的外皮和根部,放在竹筛上,从上面淋热水。
2. 在锅中放进相同分量的醋、酒和细砂糖,煮到沸腾后熄火放凉。
3. 把路荞塞进干净的瓶子里,倒进满瓶的腌汁,然后放入冷箱保存。

## 不想过违反自然的生活

——英子

我们家的院子有许多柑橘树,包括柚子、酸橘、甘夏柑、文旦、柠檬和莱姆。有了这些柑橘树,什么都能派上用场,非常方便。可以做成果汁、果酱,或是挤出来淋在沙拉或烤鱼上。另外,我们家还会在洗完头发时用来润丝,或是拿来泡澡。也因为这样,我从来没有买过这一类的水果,都是用现成的。

我洗完脸只是擦干而已,连化妆水都不用。由于经历过战时的物资不足和缺钱的情况,什么都不擦就在不知不觉中变得很理所当然。经常可以看到昂贵化妆品的广告,可是应该注重的是进到嘴巴里面的东西,而不是身体外表吧?

乳霜类的东西我也完全不用,冬天也不例外。我们家的厨房没有装热水器,冬天还是要用冷水洗碗盘。隆冬时手会冷得好像要断掉一样,这时我就用水壶烧水,或是利用热水袋里面还没变凉的水。要说不方便确实是不大方便,可是长期以来都是这么做,已经习惯了。而且虽然这样,也不知道为什么,从来没有皮肤皲裂或冻伤的情况。

修一说:"我又不做厨房的事,怎么会皮肤裂开呢?"他冬天都要经常擦乳液。乳液擦上去会黏黏的,我不喜欢,所以身体也都不擦。总而言之，一切都保持自然。可能也因为这样，身体就自己适应了也说不定。我觉得大家都太过于依赖那些产品了。

我偶尔会在商店窥探清洁剂的货架，有除霉用的、厕所用的、浴室用的、消毒用的，各种用途的产品琳琅满目，让人惊讶。我们家用的清洁剂就只有肥皂一种而已。这种肥皂是由名古屋大学和三重大学的老师研发出来的，由丰桥市的厂商制造，成分是天然油脂，对环境和人都无害，所以我们从搬来这里就开始使用，已经用了不止三十年了。我们都是直接跟厂商买，一年买几次，洗身体、头发和碗盘都是用这种肥皂，洗衣服就用粉状的。一种就够应付所有情况了。

所以我很困惑，为什么需要那么多种清洁剂？因为制造商要赚钱吗？也许闻起来很香，用起来方便，可是里面的成分可能会污染河川和大海，不是吗？那是每天都要用的东西，要是会污染地球，那就糟糕了。

又例如卫生纸和面纸，我们家也是使用据称对环境无害的产品。虽然价格偏高，但是我认为钱就应该花在这种地方。无论如何，我都不希望过着违反自然的生活。我只想要借着少量的物品，简简单单地过日子，不会只注重方便。

## 每天都要花两个小时

——英子

"做农事不会很辛苦吗?"经常有人这么问。"我喜欢做,所以一点也不辛苦。"我是个软脚虾,其实也做不了多少,固定一天只做两个小时,绝不会超过这个时间,因为如果觉得事情做一半会不舒服,想要多做一点,就一直做到完,使得身体过度劳动而全身酸痛,那就伤脑筋了。

在体力比现在好的时候,我经常做太多喜欢做的事,而破坏生活的节奏。尤其是夏天,太过于逞强的话,累积的疲倦就会在秋天一下子出来,造成身体失调。以前就有过这样的经验。准备三餐、煮佃煮或果酱、做甜点、使用织机,整天像这样忙东忙西的,感觉很不错。每换一件事情做,不也可以转换心情吗?我会这样一直做到上床睡觉为止。假如没有事情做,我会很困扰,因为天生就是没有办法呆呆坐着不动。

我只有在吃饭和午茶时间才会坐在椅子上。一坐下来,就会有"好累啊"的感觉,这时就会确实觉得自己年纪大了。

我在四十八岁到五十七岁之间都住在广岛,每逢星期五就要搭新干线去高藏寺或婆婆所在的东京,不断地往返这两个地方，而平常还要种稻种菜。我很庆幸能够在十年的期间体验到那么忙碌的生活，正因为有那十年，现在才能这么健康。人是越常活动就越有能力活动，身体也会更加强壮。

还有一件事不能不做，那就是睡午觉。我一定要睡午觉，多的时候可以睡上两个小时。夏天时，一大早就下田工作，所以睡个午觉，身体和头脑都会很爽快。午睡醒了，我就会织机，或是收拾屋里屋外。我们家是在六点吃晚餐，所以要再去田里采蔬菜，提早准备做饭。

六点一到，修一就会移开咕咕钟的钟摆，使时针停止，表示今天的工作结束了，调整一下心情，再慢慢吃晚餐。饭后收拾完毕，我会烫衣服、刺绣、编织，继续做喜欢的事情。也因为这样，一天一晃眼就过去了。

我都是在睡前洗澡，身体暖烘烘地进入被窝，就能一觉睡到早晨。只要白天不停地活动，身体自然会累积疲劳，睡眠也会加深，所以我几乎没有失眠过。

**我会在晚上睡觉时思考，明天要做什么？早餐要煮什么？工作内容决定好了，隔天一定会实行。**

## 早晨先喝一杯果菜汁

——英子

我们家很少去外面吃饭，三餐都是吃我煮的饭菜，所以我一直抱着"要是家人生病，一定是我做的东西有问题"这种想法下厨，总是绷紧神经，付出所有心力。

我是在六十岁以后才开始喝果菜汁的。因为修一从来不会主动去吃蔬菜或水果，我才会开始在早晨榨果汁和他一起喝。也许是这样的关系，才能健健康康地活到现在，从来没有生过病。连肠胃不好的我也可以这么有活力。

我做的果菜汁并没有那么多口味。基本上是使用早晨在田里摘的蔬菜，再加上橘子、苹果，以及院子里的柑橘等水果。从春天到夏天是以高丽菜、小黄瓜、芹菜、莴苣、菊苣为主，秋天到冬天是菊薯、叶菜类，或疏苗时拔掉的蔬菜。另外还有一些和季节无关的种类，要是有胡萝卜，就会尽量加进去。每天的味道都不一样，颜色看起来也不怎么样，可是营养价值应该很高。要是把一杯份的蔬菜拿来吃，一定会多到无法一次吃完，可见这一杯有多少营养浓缩在里面。而且以营养的吸收来说，做成果菜汁也是相当理想。

◎某日的果菜汁（161页的照片）
最下面那杯的材料是一个菊薯、半颗苹果、一个橘子、半个胡萝卜和少许芹菜叶。上面两杯是一颗苹果、两根芹菜、两个菊薯（较小）、两个橘子和一个柚子。喜欢甜味的话，可以加蜂蜜。有时也会加进通常会丢掉的卷心菜心。加上胡萝卜、柠檬和苹果，就会比较好喝。

## 八十四岁开始服用营养补充剂　　——修一

　　我们是在这两三年才开始为了健康服用营养补充剂，因为站起、坐下的动作越来越吃力。我们吃完早餐时会服用葡萄糖胺，我吃四粒，英子吃两粒。

　　我都是在秋天入冬时集中收集落叶，这时如果太过劳累，膝盖就会有点痛。走路时膝盖会发出咔嚓咔嚓的声音，去请医生检查，结果说是普通的老化现象。肌肉衰退时，连接骨头的肌肉也会变弱，因而发出声音。以八十七岁的年龄来说，只能跟身体好好相处，没有其他办法。我就接受英子的建议，开始服用营养补充剂，后来就觉得症状减轻很多。她从五十多岁就开始每天辛苦种田，所以很早就在吃了。

　　我今年已经收集了两百多袋落叶。虽然英子会提醒我："你做过头了。"可是这种事一开始做就停不下来，总是会过度热衷，一直做到天黑，然后觉得累得要死，后悔也来不及了。铃木一朗不是连续十年击出两百支安打吗？"我也要每年刷新两百袋的纪录。"我收集落叶时就是抱着这种想法，才会这么拼命。

　　我们家前面的公园落叶主要是榉树和樱树，两种树木的叶子都很漂亮。樱树叶有微微的香气，榉树叶有细小的刻痕，非常可爱。我用三十公斤容量的米袋装落叶，把里面塞得满满的。

落叶是用耙子集中在一起。卖这种工具的商店也越来越少了。我们家的都会在坏掉时修理，所以还可以用一阵子。一般人大概近来都不做这种事了，工具的需求才会消失。我会把装在袋子里的落叶堆在单轮车上带回家，然后存放在停车场和农舍入口，叠得高高的。那个咖啡豆麻袋里面装的也是落叶。

等到冬天快来了，我就用落叶铺满整个菜园。要大把大把地撒，撒到脚没有地方踩为止，才能在寒冷时保护冬季蔬菜。就算刮着强烈的北风，叶子也不会飞到别的地方。隔年春天，就要一边翻土一边把落叶埋进土里。多亏了这么实实在在的努力，感觉泥土变得松软许多，但也有点感慨，花了三十年的时间，才有这样的成果。

由于公园就在前面，春天不是会开满樱花吗，我们会在赏花时赞叹：好美啊……但不久花就会掉落，使得那一带满地都是落下的花瓣，我就会去收拢起来，撒在杂树林或田里面。虽然量不多，可是我不忍心看到那些花瓣掉在路面上枯萎。有些会随着西风飘扬，落在我们家的田里，我就会抱着欢迎它们直接变成田地养分的心情在一边守望。

早晨吃到加在味噌汤里面的现采豆子，就会觉得味道真好。那新鲜柔软的美味可能也蕴含着来自樱花瓣或落叶的养分。

水上勉先生写过一本书《吃土的日子》，我和英子都非常喜欢，读了很多遍。水上先生在书中说，虽然吃的是在田里摘的蔬菜，却不觉得那是蔬菜。我也有同感，很接近"吃土"的感觉。让人觉得泥土变好了，蔬菜的味道自然也会变好了。

《英子的自言自语》我从五十多岁就开始服用钙片、维生素等。那是听了半田的哥哥建议，我才开始吃的。两个女儿现在也都五十多岁了，所以我会请修一买营养补充剂，连蔬菜一起寄给她们。

# 做萝卜干

——英子

  高藏寺这里最冷的时候是大寒的一月到二月。虽然天气很冷,我却没有办法一直关在家里。我必须织机,也要在春天之前整理田地,或是采收冬季蔬菜。

  今年除了圣护院萝卜[注1]之外,我还首次尝试种植称为"冬时雨"的白萝卜。这春日井市四周都是宫重白萝卜的产地,这种萝卜的形状很像"青首萝卜"[注2],带有甜味,长度可以达到四十厘米,相当大。我以前种过,可是我们家菜园底下是岩盘,根不能扎很深,只能种比较短的萝卜。同样的,牛蒡也很短。以这一点来说,这里的环境是很适合种圣护院萝卜的。

  白萝卜我会用高汤煮,然后蘸柚子味噌吃,虽然也会加在味噌汤里面或用来做菜,可是再怎么煮,两个人也吃不了多少,总是消化不完,所以常常要做成萝卜干保存。有的寄给女儿,有的送给访客,一个冬天会做好几次。因为一直拿出来送人,常常自己要用的时候发现没有了,才在那边后悔:"啊,早知道应该留一点下来。"

  做萝卜干时,前一天就要把白萝卜从田里拔出来,擦掉泥土,洗干净备用。一次使用的量差不多是四根大的。隔天

*1 球形白萝卜
*2 上半部是浅绿色的长条形白萝卜

早晨，趁着用砂锅煮饭的时候，快手快脚地完成工作。先切成两三厘米厚的圆片，再切成细丝。只是这样而已，所以不用花很多时间。接着全部铺在竹筛上。尽管分量好像很多，可以铺满两个大竹筛，可是晒干以后不见得可以装满一袋。另外我也会把白萝卜切成扇形，用来腌三杯醋。白天放在外面暴晒，晚上拿到屋檐下。这段时期的空气很干燥，晒两天就会变得皱巴巴的。如果是像今天这么强的北风，可能晒一天半就够了。

早晨拿出去晒，中午时要用洗干净的手翻面，毕竟手会比筷子迅速。第二天也要不时地用手翻一翻，等到干得差不多了，就用保鲜膜一小撮一小撮地包起来，放进保鲜袋中冷冻。颜色白皙，口感清脆，没有腥味的萝卜干就完成了。晒过的萝卜味道比生的重，也更甜更好吃。

萝卜干也可以用来煮味噌汤。吃起来的口感和生的不一样，很有味道。半田老家也是到了冬天就经常做萝卜干，然后和油炸豆腐一起煮。我小时候一点都不觉得这种东西有吸引力，也不觉得好吃，现在却觉得它是最适合不过的小吃。

## 一百次培根

——修一

  这种手工培根，吃过一次就会想要再吃，许多人为它而来，熟客比率相当高。英子在三天前就把肉腌好了，由我花两个小时熏制。虽然要花一些工夫，可是我们整年都在做，一点也不觉得麻烦。不过偶尔要动手时，还是会把它当成一件大工程。

  这是用砖头砌成的熏制炉，每用一次就多一层熏制的香味。也有比较简单的方法，例如用三合板或铁罐熏制，可是我还是建议用砖头，因为有远红外线的效果，热会传到肉块中心，感觉更好吃。

  经过不断使用，还有脂肪和烟的关系，熏制炉内侧变得黑黢黢的。我甚至觉得，里面可能跟做味噌或酱油的工厂一样，也有某种微生物在栖息。感觉如何？只是把肉块挂在这里，就可以做出好吃的培根。这个炉子没有使用时，也会弥漫着香气。熏制时，万一还有衣物在晾晒，那就惨了，味道会熏染上去。还有，如果在有强风的日子熏制，也要注意气味会不会飘到附近人家那里。

### ◎手制的巧思1　先画设计图

什么事都一样，要做一件东西时，我都会先画设计图。这个熏制炉一看就知道，构造单纯，做法也很简单，也许不太需要画设计图。

### ◎手制的巧思2　利用现有的东西

材料不必特地去买，先想一想能不能用家里的东西代替。一方面是因为不想浪费资源，我平常都会将还可以用的东西收起来，例如拆解机器时出现的螺丝等零件，或是咖啡罐、砍下的木头。收回干洗衣服时，不是都会有铁丝衣架吗？熏制炉也用了那个东西。你看，在这里。因为要固定砖头，我用它在周围绕了一圈。

### ◎手制的巧思3　应用结绳

熏制炉的盖子必须够坚固，才能够吊挂两三块肉，所以当然很重。我想了一个方式，可以拉个绳子就轻易拿起或放下沉重的盖子。我骑自行车去家用品店买了一个一百五十日元的滑轮，再使用结绳装上去。有了这个装置，只要拉拉绳子，就能轻松拿起沉重的盖子，连英子那种没力气的人，都能够轻松操作。

●培根

材料:五花猪肉（块）、A（粗盐、粗砂糖、胡椒）、芳香蔬菜（胡萝卜、洋葱、芹菜、月桂树叶）

1. 用A抹遍整块猪肉，放进大桶子里，撒上切碎的芳香蔬菜，放入冰箱腌三天。要不时拿出来翻动搅拌。
2. 烟熏当天要用水清洗肉块，然后用风筝线把整块肉绑起来。肉在熏制时会缩小，所以要绑紧一点。

我们家有很多地方都用到结绳。例如下雨天要晾衣服时，把绳子弄一弄，整理一下，就可以晾了。开帆船时学到的结绳技巧对日常生活也很有帮助。

回到正题，说到熏肉的步骤，其实很单纯，就是在放肉块之前，把木炭放进炉子里，预热差不多两个小时。也许有人会觉得一个小时就够了，可是预热可以产生远红外线的效果，使肉味更浓郁，所以这一点很重要。

接着就把肉放进去，大约要熏两个小时。说到熏制时使用的木屑，市面上有很多种类，可以选择自己喜欢的。我们家是用苹果树的木屑，再混合杂树林的麻栎碎片。另外还会在中途熏香，放进院子里的肉桂和月桂树叶。叠起来的砖头有缝隙，可以让适度的烟穿出来，把肉熏得恰到好处。等待完成的时间也很有意思，脑子里会一直胡思乱想。

我做培根的次数已经快要达到一百五十次了。什么事都一样，次数超过一百次时，就能做出真正的好东西，而且带有自己的风格。重复做了那么多次，自然会掌握到专属于自己的做法或诀窍。我做什么事都会先以一百次为目标。这也是积存时间的生活目标。

3. 点燃木炭，放进炉中，预热大约两个小时。
4. 用铁盘子（装甜点的空罐也行）装木屑，放在炉子的木屑架上。
5. 把肉块挂上去。每隔十五到二十分钟更换木屑。第三次开始要加进熏香的肉桂和月桂树叶。大约经过九十分钟，中间就会熟透。用铁扦刺刺看，有透明的肉汁流出，就表示完成了。把火熄灭，继续用余热熏十五分钟。
★市面上贩售的木屑有樱树、山胡桃树、胡桃树、苹果树等等。可以只放一种，也可以多种混合。多方面尝试也是手制的乐趣。

许多人会为了吃培根而来。不只是在有客人时端出来待客，我们也会在六月和十二月时做很多培根送给关照过我们的人。而晚上有客人留下来吃饭的话，餐桌上也会摆出来。

熏到变成淡粉红色，脂肪的部分透明，就是熏得很好吃的状态。我会请英子切厚一点，一边喝酒一边吃，同时在心里想着："不知道明天还吃不吃得到……"结果真的就只吃到一次。剩下的部分要寄给女儿，已经用箱子装起来了。所以我花了这么多工夫，吃到的量意外地少。

## 为了做出好吃的甜点

——英子

　　下雨天不能做农事或是手边有材料时，我会一口气做很多出来，包括巧克力蛋糕、起司蛋糕、水果塔、戚风蛋糕。一大个切成四份冷冻起来。然后就不知道为什么，常有人来看我们，这些甜点就慢慢地消失不见，真是不可思议。

　　修一不大爱吃甜食，但是有客人来的时候，他会一起吃我做的甜点。平常只要有仙贝，他就很满足了。

　　我最常做的是烘烤的甜点。还在拉拔女儿长大时，做的都是地瓜饼、布丁、饼干之类的简单东西，但自从开始定期寄食品给孙女花子，我就渐渐改做派、水果塔或蛋糕了，因为总觉得要做点不一样的东西才可以。

　　可是美食并不是拼命做就做得出来的，还是要先去了解什么是美食，这一点不论是做甜点还是做菜都不例外，所以我一有机会就会去有口碑的餐厅吃吃看。忘了是在什么时候，曾经在名古屋车站大厦加入年轻人排队的行列，买了闪电泡芙。那时看到长长的排队长龙，就问一名排在里面的女孩子，她说是法国有名的甜点师傅做的甜点，我就跟着排了。哈哈，这样的老女人也在排。可是排队排得很值得，确实好吃。

做甜点时,分量很重要。我做菜全凭感觉,都是自创的,可是甜点一定要参考食谱。出版甜点食谱的人很多,但是在那么多本书中,只有藤野真纪子小姐写的让我觉得和自己的感觉很合。我照着她的食谱做出来,一吃就觉得:"啊,这是真正的美食。"从此以后,不管是做巧克力蛋糕、起司蛋糕,还是司康、松饼,我都会参考藤野小姐的调方。虽然不能做得跟藤野小姐一样好,但如果是松饼这种简单的甜点,照着她的配方做,还是很好吃。

另外,外行人要做得好吃,材料的选择非常重要。这一点其实是理所当然的。我们家像奶油和牛奶都是使用四叶乳业的产品,其他像鲜奶油就要去名古屋采买。有一次临时要做蛋糕,不得不在附近超市购买不同品牌的奶油来用,结果不知道为什么,怎么也达不到以前的水准。明明已经在面糊里加了足够的奶油,却还是湿湿黏黏的,打不出膨松的感觉。这是我第一次碰到这种情形,让我深深觉得材料确实很重要。

# 四座冷冻柜和一台冰箱 ——英子

我们的生活不能缺少冷冻柜,而且必须是瑞典的伊莱克斯牌。这牌子的冷冻柜只用抽屉分隔,非常单纯,所以用起来也很方便。我只要把各种肉类和蔬菜大致分类,再放进各个抽屉里面就行了。

起先并不是想要伊莱克斯牌的冷冻柜才去买的。当初想要买的是这个吸尘器,因为看到宣称可以把地毯灰尘吸得很干净,而且威力不会减弱的广告,我就被吸引了。拿到期盼中的吸尘器,试用之后发现,不仅是草垫表面的尘屑,连底下的灰尘都吸起来了,让人有清扫的成就感,觉得:"果然性能很好。"我总觉得寒带国家的东西都很出色,但这只是我个人的偏见。后来就想用用看这牌子的冷冻柜,就买下来了。实际使用的感觉是容量很大,也相当好用,五年后就买了第二座。根据修一的记录,一九八三年的价格是十六万日元。

自从开始每星期都寄宅配给女儿,需要冰存的东西越来越多,就再追加了第三座、第四座冷冻柜。现在家里有四座冷冻柜和一座冰箱。这里是住宅区,附近没有商店,所以我们大部分的食物都要放冷冻柜保存。女儿帮我们采买的两个月份的食材寄到时，我就会把每种肉类分装成一次用量，再用有夹链的塑胶袋装起来放冷冻柜。有时候也会多买一些待客用的肉排。

田里的蔬菜可以不断地采收，吃不完的部分先做处理，然后同样放进冷冻柜。蔬菜在当令时期是最美味的，但是只有几天的时间，错过这段采收的时期，质地会因为太熟而变硬，或是纤维变粗而失去美味。所以即使吃不完也会不断地采收，然后放进冷冻柜。这么一来，在蔬菜产量少的时候，就可以把冷冻的部分拿出来吃。因为这个缘故，我们家的生活要是没有冷冻柜就伤脑筋了。

《修一的自言自语》冷冻柜是英子的藏宝箱。看看冷冻柜里面瓶瓶罐罐的标签，有刺鲳的腌汁、对虾高汤、照烧用酱汁、凤梨汁、猪肉汤……什么都有，各种各样的东西都有大量的存货。不管是什么都先冰起来，然后在有客人来的时候一包一包地拿出来消化掉。哪一座冰着什么东西，都在她的脑子里整理得很清楚，然后变成一道道的菜……记忆力实在惊人。

# 英子式蔬菜冷冻活用法

——英子

我并不是一开始就懂得应用冷冻柜，而是参考冷冻方面的书，自己再多方面尝试。结果，我发现几乎所有的东西都可以冷冻。有的东西直接冷冻不好吃，但经过加工处理，味道就不会变差，例如牛蒡只是煮一煮就冷冻起来，吃的时候会觉得有纤维丝留在嘴里。但如果像八幡卷[注1]一样用肉片卷起来，加调味料煮好再冷冻，吃的时候就不会有异样的感觉。笋子也是做成蒸饭以后才冷冻，舌头就不会留下东西。只要利用烹调的技巧，几乎所有东西都可以冷冻。只要担心会变坏，就先冷冻看看。到现在我的冷冻法都还在推陈出新。

番茄先切成圆片，然后放在太阳下晒干，再用冷冻袋保存。可拿来做比萨用的酱料或其他用途。切片后取出种子，熬煮成番茄酱，再冷冻保存。连种子用滤网过滤，做成番茄汁，即可冷冻保存。

茄子切成适当大小，在太阳下暴晒半天，再用冷冻袋保存起来。

● **马铃薯汤**
马铃薯不适合直接冷冻，但蒸熟捣成泥之后就可以了。我们家最常做的是捣成泥以后混合奶油和牛奶，才放进冷冻柜。在冷冻状态下放进锅中开火煮，就是一道汤了。这是忙碌时的法宝。

● **油炸茄子**
茄子可以直接油炸再冷冻。在冷冻状态下用砂锅蒸，再加点酱油就很好吃了。

● **青番茄酸辣酱**
番茄的收成期快结束时，会留下一些没有完全变红的番茄。这种青番茄可以做生菜沙拉，或是做成果酱、酸辣酱冷冻起来。只加了洋葱的简单酸辣酱淋在咖喱上，味道会更丰富。

*1. 以煮好的牛蒡为轴，用鳗鱼或牛肉等肉类卷起来，经过酱煮或烧烤的乡土料理。

西葫芦切成薄片，在太阳下暴晒约三个小时，放进冷冻袋保存。可当成比萨的配料。

青豆、蚕豆从豆荚取出豆子，直接用冷冻袋保存。

胡萝卜切成适当大小，在太阳下暴晒约三个小时，然后用冷冻袋保存。

香菇用手撕成适当大小（或用刀子切），直接用冷冻袋保存。

葱切成适当大小，直接用冷冻袋保存。寿喜烧用的葱要切长一点。

小松叶等叶菜类用滚水烫一下，挤去水分，用保鲜膜分装一次用量，用冷冻袋保存。烹煮时不必解冻。

姜洗一洗，直接冷冻保存。可在冷冻的状态下磨成泥或切成片。

花椰菜、青花菜切成适当大小，直接用冷冻袋保存。

马铃薯切成细丝油炸，再用冷冻袋保存。可当成比萨的配料。

甘薯切成片直接油炸，用冷冻袋保存。可用烤箱解冻烘烤，当点心吃。

苹果切成圆片，在太阳下暴晒约三个小时，再用冷冻袋保存。

柿子做成干柿，用冷冻袋保存。

★蔬菜类切成薄片再稍微晒过后冷冻，味道会浓缩，吃起来更美味。暴晒会改变口感，也不会煮太烂。

# 重要的法则

# 依自己的感觉下判断

——英子

那是六月里的某一天,战争即将结束,天气从早晨就很晴朗。

我当时是金城学院专门部的学生,参加女子挺身队[译注],每天都要搭电车去热田区的爱知钟表厂工作。那天来到据说不久就要改建成工厂的白鸟桥上,突然响起空袭警报,我吃了一惊,当下折回原路,在约有一公里的坡道上奔跑,一心一意只想回到热田车站。到了那里,警报解除了,可是我没有心情回工厂,就跳上电车。那时回家的念头非常强烈,不知道为什么,害怕得不得了。

中途要换车,路过连接的地下道时,只听到轰隆一声,就发生大地震一般地摇晃。工厂被"热田的一吨炸弹"击中,炸死了许多人,里面有很多是我的朋友。那时"想要回家"的心情决定了生死。后来几天,我消沉得一步也没有离开家门。

这次的经历令我深深地觉得,以后要按照自己的想法过活,而不是无知地盲从,听别人说要往右边走就跟着大家走向右边。我要凭着自己的感觉去判断所有事物。因为这样,电视或报纸上说的大部分事情,都会让我觉得:"真是这样

---

*译注:设立于二次世界大战期间的一九四三年,十四岁以上二十五岁以下的女性接受征召,从事劳动服务。

吗？"根本不愿意相信。大家都中了那些东西的毒了，我却只相信自己感觉到的东西。与其用头脑拼命地想，还不如依靠直觉。当你犹豫不决时，就相信自己的感性吧。我就是这样过来的，和修一的生活也是秉持这种原则。

他说："依照世间的规矩盲从地过生活，绝对得不到幸福。"因此他早在开始结婚生活时，就决定了以后要完全拒绝婚丧喜庆之类的往来，也不来年节送礼酬谢那一套。

内弟小我两岁，我们感情很好，他也经常来我们当时位于原宿的新家。弟弟结婚时，修一也没有参加。其实当天他有陪我到会场，却因为"进去会违背我的生活方式和信念"，而在我眼前转身离开。不论是家人还是关照过我们的人，他到目前为止都没有参加过。我也是一样，甥侄的婚礼都没有去，也不曾送过贺礼。因为这个缘故，和他人的关系比较疏远，不仅是有血缘的家人，连女性友人也几乎没有来往，所以和现在一样，每天就是在家里做家事过日子。可是我从来没有任何不满，因为我的喜好就是做家事，没有其他事情比得上。

唯一的例外是婆婆的丧礼和女儿的婚礼。我本来还做了心理准备，要是修一说他不参加，那也是没办法的事……结果他挽着女儿步入礼堂了。

我和他一样，对于世间的礼仪规范抱着不同的想法。

以前我们的生活虽然困窘到必须经常去当铺，可是对食物一直都很重视。有的人会为了减少生活开支而削减伙食费，可是我从来不会这么做，反而认为越是困苦就越应该购买品质好的东西来吃，因为身体就是资本。

在我刚结婚的昭和三十年代，正是各种物品大量生产、食品的品质也开始急剧变化的时期。我会和住在隔壁的婆婆一起去附近买东西，可是我都不会在那里买，总是事后再去纪伊国屋店采购。

我会因这样的原因，一方面是我身体虚弱，一方面是娘家母亲非常注重食物，店里再怎么忙碌也要亲自检查鱼的鲜度，每天决定购买的种类。我是看着她的作风长大的，才会想要尽量跟可靠的店家买，而当时的纪伊国屋是供给驻军"特别干净蔬菜"的商店，价格虽然比别的地方贵，但是可以放心。"你又没有钱……"婆婆会这么说，可是为了身体健康，我无法改变"食物对人的生存最重要"的观念。

从那之后经过了半个世纪，我们家现在还是在纪伊国屋采买食物。我每隔两个月就会委托住在东京世田谷区的女儿去买，然后寄来这里。

总归一句话，女人对生活没有主见是不行的。我很希望大家都能够去思考，我的生活需要什么？媒体在战争时期非常风行,现在感觉大家还是被媒体牵着鼻子走。不自己培养判断事物的感性是不行的。比如,"每个人都有车子,所以我也要有"这种想法是很奇怪的。如果不适合自己,就不要盲从。我们家就是抱着这种想法生活到现在。

修一的生活哲学和我完全不一样,可是我们向来不会盲目接受世间的常识,只有符合自己感性的事情才去做。我们两人在这方面还蛮契合的,可见我们凝望远处的方向是一致的。

《修一的自言自语》我一直都觉得,要是有越来越多女性采取英子这种想法就好了。

**我向来觉得必须面对未来展开新生活。**
**总是面朝前方,不太会忧虑。**

# 自己的心目中什么最重要？　　——修一

建筑师勒·柯布西耶[注1]对我有很大的影响。倒不是他的哪件作品有多杰出，而是他的生活方式。

他留下的著名建筑相当多，但是有很长一段时间他的建筑理念并不为世人所接受，经济上也非常拮据。他曾经写信给结婚对象说："我是建筑师，提出很多主张，可是这样恐怕赚不了什么钱，所以不能有小孩。尽管这样，你还是要和我结婚吗？"他对建筑有独特的理念，又有发人深省的人生故事，能够坚持到底这一点很令人佩服。

可是我不认为自己能够为了理念而抛弃幸福生活，因为这样，我的生活方式应该会和勒·柯布西耶不一样。我可以不必伟大，我要的是夫妻或家人一起过着安定的日子。

我也觉得没有丰富的情感，就不会有美好的工作成果。正因为有安定的家庭，才会采取行动为这个世界做点什么事。啊，不过我不是爱讲大道理、钻牛角尖的人。

要是生活中有太多不必要的礼数往来，就会在不知不觉中盲从。所以我一结婚开始新生活时，就决定依照自己的原则过日子，也就是完全不参加婚丧喜庆，也不要有世俗的交际应酬。

---

*1　勒·柯布西耶（Le Corbusier），一八八七年——一九六五年，瑞士出生，在法国活跃的建筑师，被誉为"现代建筑三大巨匠"之一。

英子经历过轰炸,知道要提升自己的生活,就绝对不能什么事都交给别人做。她想必也抱着一种危机感,不想浑然不觉地被别人带到什么地方。所以我的想法中应该有一部分和英子重叠。

**没有显赫的头衔,没有庞大的财产,人也一样可以获得幸福。**

## 钱用完了就换个脑袋思考

——英子

  我对家里的收支是大而化之的，甚至没有记过账。不对，正确地说，我在结婚的第一个月试过记账，可是要把拿到的薪水依用途装进不同的信封袋时，就发现那笔钱才刚到手就不够了。根据相亲时得到的信息，建筑事务所给的薪水是两万八千日元，可是修一在婚后突然换工作到日本住宅公团，薪水变成一万四千日元。每个月要从减半的薪水中抽出五千日元房租给婆婆，手头就只剩下九千日元，再怎么调度也不够……这种状态让我从此没有心情记账。

  刚开始还有一笔从半田带来的钱可以使用，要不然把他的美术书籍卖给涩谷道玄版的旧书店，也可以应付一阵子，可是没过多久就又不够用了。接着只好拜托婆婆把我的和服和宝石拿去处理掉。小孩出生后，没钱买牛奶，我就开始经常进出当铺。

  直到现在我还记得当时的心境。初次去当铺的前一晚，我紧张得睡不着觉。修一把心力都投注在工作上了，感觉很难亲近，跟他谈钱好像是很要不得的，所以我总是自己一个人在烦恼，真的想不出办法了，只好牵着小孩的手走进当铺大门。

心情虽然忐忑不安，但店里的人早就看习惯了，以公事公办的态度对待我："那就给你这个价钱吧。"我也就整个安下心来，回家时心情大好，还买了他爱吃的牛排。送进当铺的东西会在发薪水的时候赎回，等到手头再度吃紧时，就又拿去当，就这样不断循环，我也就在不知不觉中，产生了"没钱用就去当铺借"的观念。

身边的东西没了，我完全不会舍不得，反而会觉得一定要吃一些能让人产生力气的东西。

我身体虚弱，所以刚结婚时买了很多寿险。那时手上还有结婚时带来的钱，可以用来支付，可是为了弥补每个月的赤字，连那笔钱也用得差不多了，保险费付不出来，只好一一解约，最后连一张都不剩。

从那时候开始，我就改变想法："只有积极面对，没其他路可走！"人站在被逼迫的立场上就会软弱，但如果逼迫的是自己，应该就会坚强起来。我都会振奋自己，避免消极退缩。

我们家到现在仍旧是以"没钱就绝对不会生病！"的观念在过日子。哈哈哈，有人保护，我就会很不中用，整颗心都放下来了。我现在觉得，以前每天过得那么紧张，其实也没什么不好。

# 男人需要玩具

——英子

"给男人穿一流的衣服，吃一流的东西，品格就会出来。"这是我半田老家，也就是神原家的教诲，所以我拿到修一的第一份薪水就给他做西装。这是绝对必要的，再没有钱也要想办法弄一套，因为我认为在外面工作的人，外表一定要体面。接着是鞋子，然后是手表，一件一件地买齐。"不可以挑便宜货，要买就买好的。"家人是这么教导我的，所以买的价钱都比拿到的薪水高。

"不能先想到钱，钱会随后跟来的。"这也是神原家的教诲。也许是做生意的关系，我们家的有一大堆和钱有关的教导。

"英子，你们家好有钱噢。"长久以来，我都被四周人这么说，可是我根本没看过什么大钱，也不知道哪里有钱。我们吃饭都是吃麦饭，穿的衣服也就那几件，过的生活也不奢侈，向来都很简朴。

我第一次有自己的钱包是在上女校以后。在那之前，跟父亲说我需要什么和什么，他就会把钱放在信封袋子里交给我。只有在这个时候手上才有钱，也不曾在外面买过什么吃食。

父亲经常说："钱会扰乱人的心情，手上没钱最好。"我是在这种教养下长大的，所以直到现在说到钱还是会先浮现"钱是脏东西"的印象。也可能因为这样，我不会太重视金钱。不过没钱还是很伤脑筋的。

以前的酿酒厂并不怎么赚钱。要是赚到了钱，就会全部回馈给社会。有庆典时，也会准备寿司或糕饼，慷慨地发给大家。

钱真的很奇妙，存得越多就越想存。我们家从来没有富裕过，也许就是因为这样，没钱也无所谓。

没有保险，没有股票，没有存款，实在不能让人夸奖。活到这把年纪，难免会想到，万一发生什么事该怎么办？我目前正在想，应该要从年金挤出一点养老金，却还是照常分期付款买需要的物品，每个月都有款项要支付。再过不久分成六十期付款的电视机就要付完了，我就已经在计划接着要买修一的冬季内衣。每次结束付款，就会再买别的东西，所以付款是没完没了的。

修一到死也不能没有玩具。他头一个玩具是帆船。这个人完全不会去考虑钱的问题，玩具一样又一样地换，想做什么就做什么，自由奔放。我从一结婚就知道了，男人需要玩具，那是绝对必要的，只要他还活着。帆船虽然是昂贵的玩具，但是并不算乱花钱，因为他会在船上思考很多事情。

他写书可以拿到一点点稿费，我本来还很高兴，心想家里不愁没钱了！他却用稿费买了一大堆自己的书，分送给许多人，还要另外花一些邮递之类的费用，进一步增加看不见的开销，结果出去的钱比进来的还多。他这个人就是这样，终究存不了钱。现在他的脑子里还有一大堆事情要做，不是静静地用年金过日子的类型。

外人看起来，也许会以为我们种田的生活好像很优哉，应该拥有大量的资产和存款，可是我们家是多亏了这块田地才能勉强过活。"女儿又没有给你们钱，竟然可以这么不在乎。"知道内情的人都很惊讶。

《修一的自言自语》我们家的钱都是英子在管，所以我很自由，可以想做什么就做什么。她不太会被东西的价钱吓到，才会帮我买下售价比年薪还高的帆船。要是一般的主妇，一定会叨念着什么要量入为出之类的话，她却绝对不啰唆。这一点很有意思。也因为这样，她一直以来的生活都过得很紧张吧！

# 胜过语言的传达——关于帆船 ——修一

我和船结缘是在一九四四年,那时刚进入滨中海兵团,开始驾驶独桅纵帆船(cutter)。那种船可以坐十二个人,全长约有九米,相当大。我们在滨名湖受训,那里有个名叫"馆山寺"的观光盛地,我们经常划到那里再划回来,反复练习。该年底,我到海军工厂就职,隔年在厚木基地一直待到战争结束,然后再度进入东京大学,加入帆船社团。我上大学时只上丹下老师[注1]的课,因为没有碰到其他特别尊敬的老师,就把课业丢在一边,一头栽进帆船的世界。大学毕业后,我进入雷蒙事务所,再换到住宅公团,一直都没有停止玩帆船,也曾自己做帆船。

我曾经在羽田外海、长井外海、大岛外海等地方碰到船难,总共有六次,每次都死里逃生,可见生命力相当强。事后回想,也觉得自己实在太冒险了。其中印象最深刻的是,从名古屋到东京的那段航程。自从工作换到名古屋的住宅公团,我就和帆船社的年轻成员开始做游艇,每天下了班就去造船所。

船终于完成后,就在圣诞节的隔天下水。离开港口,航

---

[*1] 丹下健三(一九一三年—二〇〇五年),生于大阪的建筑师、都市计划大师,也是最早在国际上活跃的日本建筑师,备受肯定。作品包括东京奥林匹克国立综合竞技场。

向东京时还很顺利，中途就碰到强大的西北风，不仅是操控困难，连接舵和舵杆的金属零件也断掉了，使船无法航行。经过一些波折，才在隔日天亮时抵达港口。这种事情我碰过好几次，感觉一直都有幸运之神在眷顾我。

两个女儿上小学以后，也开始坐帆船。我让她们去学游泳，星期日上午上完游泳课，吃了有鱼肉的味噌汤，她们就背上手做的小背包，由英子带来港口，然后登上帆船。

在小孩成长的过程中，我并没有特别为她们做什么，只是在周末和她们一起搭船而已，而这时也没有跟她们说什么话。我并不觉得一定要用话语沟通。

莎士比亚有一句名言："再艰难的日子也会过去。"（出自《麦克白》）意思是说，无论发生什么事，都要坚持到底，不要放弃自己。坚持是很重要的，大海不会总是风平浪静，也会有情况恶劣的时候。不如意的情况应该也会让小孩留下深刻的印象。

另外，因为有年轻船员同行，小孩总是受到百般的呵护，当然会觉得很快乐。人都喜欢受到赞美，对小孩来说，这种温暖的环境也是必要的。幸好我能够提供给她们。可以用话语传达的东西其实不多，所以我很庆幸能够为她们建立可以不用话语沟通的关系和环境。

# 在开船时期待回程的旅行

————英子

我们一结婚,修一就跟我声明:"在跟你结婚的很久以前,我就有帆船这个朋友了。"而我们会结婚也是因为他参加大学的帆船比赛时曾来我们酒厂借住,所以我早就接受他喜欢帆船这件事。他在周末出海时,我可以一个人在家里,想做什么就做什么,所以我反而是抱着"你尽管去玩"的态度,心里高兴得很。但是帆船压迫到家计时就惨了。没有钱买牛奶时,他还是照样一个人去玩帆船,我却要去当铺或想办法找钱。听到他说想要拥有价值七十万日元的游艇时,我当然吓了一跳。这笔费用超过他的年薪,我们又没有存款……结果是跟住在原宿的婆婆商量,决定由她借钱给我们,我们每个月还两万日元,有奖金时再给十万日元。

刚开始生活过得很拮据,可是习惯以后就不觉得什么了。要还的钱会从他的银行户头自动扣除,只要抱定收入就只有这些的想法,就会在这个范围内想办法调度。没钱自然有没钱的做法。"结婚以后,只要把丈夫放在第一位去想,情况就会慢慢好转。"娘家是这么教我的,所以我可以把帆船当成理所当然的事,就算不喜欢也没办法。另外,我也渐渐会从乐观的角度去想:"钱是不能存下来的。"虽然没有钱，却可以搭乘擦得跟白色钢琴一样闪亮的游艇。旁边的人可能会觉得我们是有钱人，可是话说回来，晚上他并不会去喝酒。

我们也不曾全家去游乐园玩或出去旅行。唯一的全家出游是在夏天乘船出航一星期。这是我们每年的习惯，听起来很优雅，可是准备船上的饮食相当费工夫。不仅是采买蔬菜、水果、肉类和啤酒，把货物搬到船上也是一件苦差事。我们家没有自用车，每个家庭成员都要用两手把一大堆东西搬过去。

除了我们家的人，还有年轻的船员同行，一大早就出航。第一天我通常是在晕船中度过，到了第二天就差不多习惯了，可以在当地买鱼，做成生鱼片、海鲜汤、盐烤鱼等等。看到大家津津有味地吃着新鲜的鱼贝类，我就会很开心，觉得这趟旅行很值得。

光是和亲友坐船出游，夏季奖金就差不多没了，而付完泊船费，冬季奖金就消失不见。一年两次的奖金从来不会花在别的地方，可见帆船有多么烧钱。虽然是昂贵的物品，可是它带给家人的东西远远超过金钱，直到现在回忆起来还是充满快乐，尽管当时并不很甘愿。那段搭船出游的日子总是刮着强劲的冷风，现在就没有那种烦恼了，每天都是小阳春，过得安安稳稳的。

## 要帆船不要车

——修一

搬来名古屋以后，我把从东京带来的小帆船停泊在知多半岛的鬼崎渔港。后来我把它卖掉，跟英子说想要做游艇。虽然费用远远高过年收入，英子却没有多说什么，就帮我筹钱。公司的人知道我在做新游艇，可能都在心里想着，你太太大概是把一座山卖了吧，毕竟上班族光靠月薪是不可能负担的。

那时正是经济的高度成长期，拥有自用车是身份的象征，我却选择在海上自由航行的游艇。那时应该也是想要拥有跟别人不一样的东西吧！

那艘游艇是用双层桧木做的，骨架则是樱木，所以花费相当高。桧木是一种很好的材料，硬度高，不容易腐败，耐得住湿气，木纹也很美。当时海上保安厅的观测船也是双层桧木，直到二十世纪八十年代才从木造船变成塑胶船，木工师傅也几乎都消失不见。对木工师傅来说，依木材特性选择用料，做出坚固的船是天经地义的，可是技术没有传承，自然就断绝了。

英国到现在还有木造船的造船厂。日本的话，东西一淘汰不是就马上没了吗？要是有人喜欢而坚持继续用，木工师傅就可以生存了。铃木一朗一直都在用木头球棒，那种运动员与木工师傅的关系对造船来说也是一样的。

日本海军是依照英国的模式建立的，甲板也漆成纯白色。我也跟着把游艇漆成纯白色。我坚持不用木头以外的材料，连滑轮也请人用木头做，所以在伸缩调整绳子时，会发出很好听的声音。

后来我在东京住了两年，帮忙设立地域公团，接着又去广岛大学当教授，生活就渐渐和帆船疏远了。而自从两个女儿升上高中，全家一起坐船的机会减少，船就一直系在船坞里。"既然自己不开，就送给木工师傅吧！"英子这么提议时，我本来还在想这个人还真慷慨，可是维护费确实不便宜，最后决定放手，写出赠予证明书。

我这个男人向来只顾自己，不论在经济上还是精神上一直让英子操心，也曾经跟英子说："让你给我买了好几次比年收入还贵的帆船，真的给你添麻烦了。"她却回答："一点也不。同样的事情做了十年，也把快乐的回忆传给女儿了，其实还不错。"我听到时真的松了一口气。

## 喜欢就一头栽进去 ——修一

我们家没什么钱，英子却能发挥调度的本领，帮我买了一身高级西装、鞋子、手表等穿戴物品。以前我的穿着算是邋遢的，曾经穿着俄式衬衫，踩着木屐去雷蒙事务所上班，被上司骂："怎么穿这样！"结婚大概是我改变的分水岭，开始穿订制的西装，看到英子为她自己挑选的青绿色围巾、黄色肩背包，就说"这真好看"，跟她借来用，而逐渐体会到时尚的乐趣。那两样东西的颜色都有点显眼，也得到那时的前辈前川先生的赞赏："津端，这条围巾不错嘛。"我就不禁得意起来，有很长一段时间都在用。

这是我上班时期订制西装的记录。打X的是已经不能穿的，其他的都还可以穿。订购单也还留着，所以知道价钱。这件是十八万日元，这件是三十万日元。虽然薪水不高，英子却不管价钱多少都帮我做。现在也还有一些上衣我很喜欢。这是用手工织的布料做成的，非常摩登，经过了这么多年也没有变形，可见裁缝师的手艺有多好。我从来不会晚上去喝酒，整年都在玩帆船，所以一直维持同样的体型，到现在还可以穿以前的西装。虽然买的时候很贵，可是好东西用了一二十年，就不算浪费了。又如桌布、床单，英子也都会买贵的，可是她说："只要懂得珍惜，用了几十年，就会变得很划算。"确实是这样。

我也有穿了将近五十年的毛衣。那是用爱尔兰羊毛织成的，以前开帆船时也是穿这个。虽然用得很频繁，也泡过海水，到现在还能穿，在身上很暖和。平常在家里我会穿黑色的克什米尔羊毛衣，这件也穿很久了，出现破洞时，英子会帮我补。前阵子来我们家的客人说："你这件毛衣的花纹很好看。"她指的竟然是缝刺子绣[译注]的地方。因为到处都有，看起来很像花纹。毛衣可以穿到这种地步，也是一种乐趣，而且会产生感情。印第安人说："擅长编故事者能治天下。"我可以了解为什么。

鞋子也是从一九六〇年就开始穿同一种款式。这是一位姓"池田"的鞋匠做的，一只就有一公斤重，穿的时候会觉得"好重！"。可是穿着穿着，就会觉得这样的重量很舒适，鞋子也会逐渐贴合。据说人类身体中左右最不对称的就是脚，所以只要穿过吻合自己脚形的鞋子，就没办法再穿其他的鞋子。也因为这样，我每年都会订制。虽然有人说鞋子越轻越好穿，我却从很久以前就只穿这一种，可以顺便锻炼脚力，不也很好？

---

\*译注：用来补强衣物破洞的刺绣花样，现在已成为一种刺绣艺术。

## 婆婆爱吃的斐济果

——英子

知道什么是"斐济果"吗？这是一种绿色水果，大小跟奇异果差不多。法国南部和地中海一带好像都有种植，香味非常好闻。听说在纪伊国屋超市是高级水果，摆在陈列架的上层，以前修一的母亲很喜欢。

在三十多年以前，看到苗木目录上的说明文字"柠檬和木瓜加起来的味道"，我就被迷住了，而订了两棵。银杏不是没有雌雄两种树就不能结果吗？斐济果也是必须有两种不同性别的树。可是不知道为什么，每年两个性别都会结出果实。梅雨季节时会开白色的小花，果实成熟是在十月。成熟时会自己从树上咚咚掉落，把它放在客厅，就会弥漫着一股甜香，那味道是无法形容的。也许可以说有点异国情调。

从栽种到现在已经过了很久，树枝也伸得很长，果实开始会掉在路上。这时修一就会拿一块木板写上"请自由取用"，然后挂在篱笆醒目的地方。因为这种水果很罕见，他还配上插图，说明如何食用。每年都会这么做，所以斐济果在这附近变得很有名。

果实长太多，我们吃不完时，也会装在篮子里放在外面。然后就会有人把"我做成果酱吃掉了"之类的谢函放进篮子里，也有人来门口致意："我们享用了不少。"不是有人收到别人送的东西，就会花心思回礼吗？老实说我很不习惯那种做法，像这样平淡往来的感觉就很愉快，要是路过的陌生人直接拿走，那就更好了。

斐济果长出来时，我们经常会拿到住东京的婆婆那里。一方面是稀罕，一方面是觉得味道不错，婆婆收到时总是很开心。修一在广岛大学教书的那段时期，我们两人都是从广岛搭新干线去东京探望独居的婆婆。

我和婆婆一同生活是在结婚后的头三年，以及去广岛之前，修一决定换工作到地域公团以后，和婆婆一同住在东京的公寓里，但只待了两年。刚结婚时，我老是让婆婆叹气，毕竟是在佣人的照顾下长大的，又不是那种贴心的媳妇。

不论我做什么事，婆婆都会说："真像小孩子帮大人跑腿，不懂得变通。"没错，我就是这样，什么都不会，连银行也没去过。可是我都会说："是的，我以后会注意。"我认为婆婆是长辈，服从她是理所当然的，从来不会觉得不舒服。这个社会有很多婆媳纠纷，我就不明白为什么。只要媳妇放低姿态，就什么事都没有了。我婆婆是有话直说的人，可是不会记恨。而且我只要碰到问题，就会去找婆婆商量，买帆船也是跟她借钱，所以对她只有感激的份。

婆婆是在住进老人院之前的五年,把这块高藏寺的土地让给我们。本来她是想要和儿子儿媳同住的,才由我们去找合适的地点,再由她买下。我们以前住在岩成台的集合住宅时,她曾经从东京搬来,实验性地跟我们住了一年。可是她以前都是住城市,不习惯这里的环境,觉得还是原宿比较好,就搬回去了。后来她跟我们商量:"对于高藏寺的土地,我想要办理生前赠与。"我们就感激地收下,由女儿和我们四个人均分继承,然后一边整理接手的土地,一边种田、栽植杂树林,斐济果的树苗就是在那个时候种的。

为了使这块继承的土地和环境变得更好,我们花了很多力气去改善田土。我听婆婆描述过以前的艰苦:"我以前过的是用指甲油垢点灯的生活……"因此深深觉得非把婆婆送的东西传给下一代不可。

加了大量的落叶,泥土才渐渐肥沃,现在真的很多植物都种得出来了。多亏有这块土地,我们才能这么健康,才能有这么丰富的老年生活。我们对婆婆的感谢是怎么说也说不完的。

说到斐济果的食用方式,我们家是纵切成两半,先用汤匙在中间挖一下,然后倒一点甜酒进去,和果肉一起吃。刚开始可能会觉得有柠檬的酸味,但习惯了就会觉得很清爽。

我们家也会剥掉斐济果的皮，加冰糖用白酒酿制。就像梅酒的做法。吃斐济果时倒进去的甜酒就是这个。腌好以后，放越多年，味道就越醇厚，香味也更浓郁。放十年就会变成琥珀色，很像高级白兰地。之前有一位在法国农业高中当老师的人来我们家说："用来酿酒也很有意思。"我就开始每年拿来酿酒。天气热的时候，我会在做农事的空当调冰水喝，味道很好。

《修一的自言自语》即使是冬天，我妈妈在家里也不穿袜子，背脊总是挺得很直，直到死去。她最讨厌不正当的事，对世间的不道德有强烈的洁癖。个性就像泽村贞子女士，说话直来直往的，典型的明治女人。推销员叫她"阿姨"时，她还曾气冲冲地说："你没什么理由叫我阿姨！"这样的妈妈有一个嗜好，就是看英子报告近况的信。她说因为里面写了很多杂七杂八的东西，很有意思。她要睡午觉的时候，好像都会拿出来看。

## 一辈子不受羁绊的老爸　　　　　——修一

  我的人生是和英子结婚，和她一起建立的，所以老实说，我也没有跟小孩提过我的父母亲。

  我向来我行我素，爱做什么就做什么，而我的老爸也是这样的人，才会生活贫困。

  老爸没什么学历，却自己一个人经营出版社。公司名称是意大利文的"美丽岛"（Isola Bella）。当时的日本是海运国家，和外国做贸易主要是依赖船只，所以老爸每年都会出版《海运年鉴》，卖给日本邮船等船公司，内容是每年船只的进出口记录。

  我经常带着那本书到丸知内<sup>译注</sup>一带，向船公司收费。老爸既不开帆船也和海运扯不上关系，我不知道为什么老爸会走上这一行。也许他对大海有某种憧憬吧。我可能就是遗传了这种基因，从念大学的时候开始，就对帆船着迷，成家以后也没有改变。

  当时我们在中野租房子住，院子很大，老爸在那里盖了大约十坪大的工厂，里面也有转轮印刷机，所有年鉴都在那里印刷。文字是用铅字印的，要先把一个个铅字捡起来放在箱子里，然后才制版。只有这个阶段是由雇用的工匠处理。

---

*译注：东京千代田区皇居外苑与东京车站之间的地区，是日本有名的商业街。

我也经常去帮忙，左手拇指才会扁扁的，到现在还没有恢复。和右手拇指相比，形状差很多。也因为做过粗重到会使身体变形的工作，我最讨厌连动都不用动就赚到钱的人，一心只想不劳而获的人就更不用说了。

作家幸田文女士是为了写文章而不惜伤害身体的人。她为了写作，拼了老命去爬富士山，还跑到南极去。她说，不活动身体写下的文章就算得到好评，她也会嗤之以鼻。我有同感。

老爸虽然我行我素，对工作却很拼命。他会去实地调查，自己写稿，书印出来以后，连销售也自己来。我不也会写稿，然后把稿子影印给大家，将意见和资讯传播出去吗？这也是来自老爸的真传啊！

《英子的自言自语》修一的父亲也是一辈子都在做他喜欢做的事。修一在这方面和他有很大的关系。两个人做的事情也很像。他好像也印过卡片，很多地方都一样。

# 父亲教我如何打扫

——英子

教我打扫的人是父亲。把酒厂主人的位置让给长子以后，父亲就带着母亲、我和弟弟、用人到后山的分家房子展开新生活。三个月后母亲就病逝了，我和父亲的关系从此改变了。

在那之前，相对于二十四小时都忙得不可开交的母亲，父亲不是可怕，就是沉默寡言，个性沉稳，总是在账房挺着背脊端坐。我对他的印象就只有这些，也不曾跟他讲过话。但自从母亲过世，我和父亲之间的距离就一下子缩短了。

当时父亲差不多六十的岁年纪，担任名古屋造酒工会的理事，早晨出门，傍晚回家，生活跟上班族一样。回到家，如果佣人还在准备晚餐，离吃饭还有一段时间，父亲就会邀我和弟弟出去散步，三个人一边并肩走着，一边观赏稻田、棉花田、小河流淌的恬静风景。

星期日佣人休假，因此吃完早餐，三个人就会一起打扫。我和弟弟之前都不曾真的帮忙打扫屋子，所以每件事情都要由父亲仔细指导。例如："水桶装一半的水就好，不然抹布放进去时，水会溅出来弄脏地板。"或是："榻榻米的边缘不可以踩。"又如掸子的用法、榻榻米的清扫法，以及用豆腐渣擦走廊、用湿布擦衣橱的方式等等，什么都教。就像幸田露半[注1]教女儿如何打扫，我也从父亲那里学会打扫。本来以为父亲什么都不会，原来父亲也受过祖父严格的训练。

打扫完毕，父亲一定会在茶室为我们泡抹茶。我小学三年级就开始学茶道和插花，本来以为自己大致上都会了，却还是从父亲那里学到收拾用具的方法。抹茶的茶碗容易破，洗的时候要在木头做的洗涤盆中铺一条刺子绣的漂白布巾。连这么小的细节都教。

我从女校毕业以后，就进入名古屋的金城学园专门部，从半田搭火车通学。我会在下课后去父亲工作的造酒工会，等他下班一起回家。在回程的火车上，父亲经常讲以前的事情给我听，比如我小时候的事情、继承酒厂的前后经过。那时祖父的事业过度扩张，酒厂的经营出现问题，还在庆应大学念书的父亲就被叫回去，急急忙忙地继承了酒厂，花了相当多的心力，才把酒厂整顿好。他也说了不少这类事情。但父亲也在母亲死后四年死于肝癌。因此，我非常庆幸能够从十四岁到十八岁与父亲一同生活，这四年的时间非常宝贵。

---

*1 一八六七年——一九四七年，拟古典主义的代表性作家，有许多散文作品和古典研究留世。其女儿幸田文也是名作家。

## 互助合作，互不干涉 ——英子

结婚前，我以为所有的上班族都差不多，结果发现他是特例，跟别人很不一样。他不是那种会在组织中顺利升迁爬上高位的类型，公团应该也觉得这个人很难使唤。他自认是设立新组织，让组织走上轨道的策划人，参与赚钱的企划案是他本人的自尊心无法容许的，因此他一口拒绝："那不是我的工作。"

从日本住宅公团换到广岛大学，待到六十岁主动离职后，他就去名古屋的名城大学教书。私立大学的退休年龄是七十二岁，我本来以为在他退休之前，应该可以存到一点养老金，没想到才过两年他就宣布："我要辞掉大学教职，成为自由工作者。"

因为太突然了，我一时说不出话来……以后怎么办呢？没有积蓄，万一生病，还有婆婆要照顾……工作辞掉以后要做什么……脑中出现很多要操心的事。因为太震撼了，整个晚上都睡不着。

"带着小鸡鸡出生的人，最好可以一辈子只做喜欢做的事情。""要给男人自由，让他无拘无束。"我忽然想起来，半田老家的每个人都是这么说的。不知不觉地，我想通了，就随他去吧。感觉很像是："要是你能做，就去做做看。"

我总觉得女人不应该在旁边啰里啰唆的。不管他，他就会自己做。在我看来，扯后腿的女人好像还蛮多的。修一有个朋友能力很强，要不是妻子太多嘴，应该会有更多的表现。

说起来，女人帮夫的能力是比较大的。要是能够多考虑到这方面的均衡，在一旁守护，男人应该会发挥更多的力量。现在优先考虑到自己的女人实在很多，这么一来，男人就会显得性格柔弱、神经质，容易失败。能力再强的人，也会消极退缩。

修一向来什么事都自己决定，也因此会尽全力去做想做的事情，到目前为止我觉得一直都不错。我到现在还是不知道修一在想什么，他还是会做一些让我吃惊的事。不过，我觉得他是有能力的人，完全不会多说什么，就算话已经跑到这里，快要说出口了。

《修一的自言自语》或许面前也有当上组织的首长或大学名誉教授的路可以走，我这个人却对那些事情没有兴趣。幸好英子这个太太容许男人我行我素，也能够肯定这样的作风。我自己也觉得，我是被英子培养出来的。

## 夫妻之间要留下空隙

——修一

很多人都说，夫妻关系容易破裂，正因为如此，我才会觉得沟通技巧相当重要。我到目前为止已经想了不少沟通的方法。有时候无心说出来的话也会引起摩擦，造成问题。

举例来说，我们家碾米时超过十五分钟就会烧断保险丝，所以我做了一块木牌，上面写着"碾米中，勿忘！"放在旁边。"啊，我一定要记着！"看到时，不就会这样提醒自己吗？放洗澡水时也是不注意就会溢出来，所以我也准备了一块"洗澡水，勿忘！"的牌子。还有别的，例如"洗衣服，勿忘！"和对方沟通时，能够尽量表达当然很好，但是有时候不说话会比较好。这样子不管是说的人还是听的人，都不会产生反感。所以我觉得木牌是一种贴心的工具，可以默默地提醒对方，相当有帮助。

另外，我也想了很多种方法，让我们不必说话就可以沟通。有一种是在菜园工作时用的，我请英子在需要我去翻土时，在那个区块插上"修一，拜托！"的旗子。

我看到旗子，就知道要去那里翻土。结束时，就插上"英子，OK！"的旗子。如果早晨一起床就听到她说"那边弄一下"，火气一定会上来，觉得："真啰唆！"明明知道对方这么说并没有恶意，还是会心烦。但如果依着自己的步调，在有空间的时候走去菜园，看到"修一，拜托！"的旗子，就会老实地接受："啊，那边需要我去翻土。"马上就下去做。

又比如在交谈时，不要求对方立刻回应，给对方留下空间，关系就会比较融洽。虽然是长年相伴的夫妻，两人之间还是要保持距离，留下一点空隙。我们两人也渐渐不需要说话了，因为已经形成默契，但是要建立良好的关系，还是需要体贴的心，就算上了年纪也是一样。

《英子的自言自语》半田是渔夫的城市，人们说话很粗鲁。我结婚以前都没有发现，满口半田话，可是他这个人很敏感，我那些粗口粗语一定让他觉得很刺耳。所以为了不要讲错话，我的生活一直都是小心翼翼的，直到现在还是会有"糟糕"的情况发生。日子过得太安稳就会缺乏紧张，所以这时更要绷紧神经。我不想造成彼此的不愉快，所以要尽可能避免产生风波。

## 记录是宝藏，也是财产

——修一

我跟英子说过，不论年纪多大，自己的事情都要自己做，过着不依靠他人的生活。但是这阵子就会去想，彼此变成一个人的时候要怎么办。以前从来没有留意过这方面的事，可是剩下的时间越来越少了，所以记录还是有必要的。我们共有记录，就像拥有财产一样。

我们家每隔两个月就会向纪伊国屋购买食材，收据都会贴在本子上。三四月有不少访客，所以订购的肉类比较多……留下这些记录，就可以大概知道买了什么东西，做了什么料理。

又如薪资明细表、订制的鞋子或靴子、买下每一件松本民艺家具的日期和收据、送给女儿和孙女的圣诞或生日礼物清单等记录，也都有留下来。英子送出围巾或袜子时，我也会做一张有插图或照片的卡片，连同收到的谢函放在档案中保管。这是重要的宝藏，像这样整理起来，就可以在需要时拿出来，轻松地追查记录。在我认为，这种事情会在年老以后变得越来越重要。

十年前，我忽然想要记录看看一整年的饮食。我们两人跟杂草一样强健，从来没有生过病，因此经常有人问我们，为什么可以这么健康?"脸色会表现出十年前的饮食。"英子经常这么说,既然这样就来为一日三餐,三百六十五天做记录。

看了这个,就可以知道当时吃的东西。基本上都和现在差不多。因为我有很多东西不吃,英子为了让我有均衡的营养,花费心思做了各种各样的料理,从这里就可以知道。有访客时,我也会把招待的菜色画出来,另外归档。要重现记忆,食物的草图是最有效的。

快乐的记忆存货也是一定要传给子孙的。这样子,孩子们碰到困难时,就能够获得支持。困难也许会让人坚强,但还是需要有快乐的回忆当内心的支柱。并不是说这次的苦难挺住了,下一次就一定挺得住,还是要有大量的快乐回忆,心灵才会丰富。我们无论如何都要将快乐的回忆记录起来,当成财产留下。

**《英子的自言自语》他是记录狂人,喜欢整理。我则是看不惯杂乱的人,什么都想要丢掉,所以也会不小心扔掉东西,而惹他生气。**

# 自成一格的生活方式 　　　　　　——英子

　　我们家离世间的主流真的很远。
　　我们两人大致上都不是那种别人怎么说就怎么信的人。常有人说，我们两人是依各自的方式活过来的，真的是这样。可是，我并不是一开始就这么我行我素，有自己的作风，而是多看、多听，经历了很多事情才变成这样的。有人说什么东西不错时，我也会有兴趣，所以总是会去尝试。不尝试看看，就不知道实际上是怎样。但是知道以后，就算真的不错，我也几乎都不会照做，总是会先抱着怀疑的态度。我就是这样，很重视自己的感觉。
　　我才不会被他人影响，因为觉得跟别人做同样的事情是不行的。每个人都一定要有独特的个性，毕竟所有人都具有许多潜能，应该要在年轻的时候就察觉到这一点，找到自己想做的事情，然后一步一步地慢慢做。这是要花时间的，不论是什么事情，所以能够尽量在年轻时开始是最好的。"我想要亲手做自己吃的东西。"我从小就有这种想法，虽然过了很长的时间才实现，但是不放弃梦想，一点一滴地努力实现是很重要的。

有兴趣的事情我都会很贪心，而把其他的事情丢在旁边不管。我的喜恶从以前就很明显。念女校时，老师曾经跟我说："同学，你如果用功一点，成绩应该就会变成中上……""可是，老师，我没兴趣就念不下去。""那就伤脑筋了。"老师最后说。我只做有兴趣的事，所以范围很窄。

不过我年轻时也努力过，学过打字、英语和手工之类的技术，但最后还是觉得只对家里的事情有兴趣。从那时开始，我就相信，任何事情只要一个人愿意去做，也许进步缓慢，但确实会越来越好。也许要花费很长的时间，但是明天一定会比今天进步。

我就是抱着这种信念，依自己的方式做到现在，也确实进步了很多。我相信以后继续做的话，一定还会再进步。要相信自己。我想做的事情虽然只限于家事，但我总是照着自己的方式去做，才能够年纪一大把了，还能快快乐乐地度过每一天。这是很值得庆幸的一点。

**《修一的自言自语》**她这个人好像拥有和常人不同的生命力。这一点对我来说也是一种刺激。

# 结语

# 结语

——英子

  水野小姐和落合小姐的来访是很突然的。她们听说我们的生活情况，想要写成一本书，这一点也令我吃惊。接下来的一整年，虽然三月发生东日本大地震时也受到灾害，她们仍然转乘夜间巴士，做每个月一天连续早、午、晚的采访。虽然路途劳累，却总是带着爽朗的笑容。她们通常是在聊天、吃饭、享用茶点之后，在傍晚离开，回到家已经过了晚上十二点了。这一年真的很辛苦。

  那是初夏的时候。采访即将结束，她们决定去看看我所生长的半田市。她们凌晨三点就从所泽出发，经由中央高速公路，开到高藏寺新城的舍下。接我们上车后，再从知多中央道路南下，抵达半田的"柊墓地"。这么紧凑的路程，全是由落合小姐驾驶。她应该很困吧？我的父母亲、四名手足都已经不在人间，独留我一个人。墓地，令人寂寞。

  睽违四十年的银座本町和南本町变了很多。我成长的旧家也拆掉了，先是盖成保龄球馆，后来又一下子改建成公寓。感受不到有时间积存而令人怀念的生活轨迹，或是悠缓的时空流逝。我在心里面想着"都结束了"，有时代已经告一段落的感觉。全日本有太多"失去记忆的城市"，不只是半田而已。我在那里逐渐明白，水野小姐试图在我们的日常生活中寻找的"某种故事"。

拜读了写好的文稿，我很惊讶，我们的生活不过是以平凡的心情所做的平凡事情，怎么会让人觉得如此美妙？"这些话我也讲过吗？"失去的记忆恢复了，感觉很充实。要是可以重新出世，我应该会过得跟这辈子一样。我总是面对着未来过日子，虽然目前的未来越来越短了，还是无法脱离这个习惯。这本书唤醒了我八十年的生活记忆，令我充满怜爱。

虽然是八十多岁的年纪了，我却不会想到关于晚年的事情，照旧活动身体，无忧无虑的。不过今年一月，我忽然想到，不知道还有多少时间可以活，而很想将八十四岁的信息传给女儿、孙女和下一个世代。也许是因为对自然的"衰老"有特别的感觉了吧。我们只要还活在人世，就希望尽可能以"有尊严的晚年"为豪，继续陪伴着年轻世代。

要做到这一点，就必须成为"热爱送礼，热爱款待，每天都是小阳春"，即使身上没钱也总是充满活力的"好奶奶"。

我们美好的生活方式是在时间的积存中慢慢形成的。能够透过本书让大家知道我们"有菜园和杂树林的生活"，是多么幸福啊！

水野小姐，落合小姐，谢谢你们。

# 结语　　　　　　　　——修一

有一天收到一封信。"抱歉突然写了这封信……我们对津端佑俪的生活深感兴趣，想恳请两位让我们写成书，因而寄出这封信。"

"……我们看了某杂志的特辑，对津端佑俪优雅的整理技术非常着迷。仔细阅读这篇报道后，我们很惊讶。你们自己种植自己吃的蔬菜，而且是从调配泥土开始，还会做保存食品、制作料理档案、自制培根和比萨，而且已经持续了很长的时间。"

"今后的日本会变成越来越严重的高龄化社会，令人充满不安……因此我们认为，津端佑俪现在的生活是走在时代尖端的，做成书本让社会大众知道是很有意义的事，而且可以将信息传给下一个世代……"

《司汤达的话》[注1]这本书中有这么一句话："人的思考远比说话快。"话语是多么缓慢啊，而在话语另一边的"思绪"流动又是多么迅速啊。这封来信令我深切地感觉到她内心的焦躁。

人生的邂逅再怎么寻找也是徒劳，再怎么等候也没有用。这一点可以说和幸福一样，真的。由于她天外飞来的这封信，我们超越了四旬年纪和八旬年纪之间的代沟，产生奇

---

[*1] 作者Marie-Henri Beyle，一七八三年——八四二年，笔名是Stendhal，十九世纪的法国作家，最有名的作品是《红与黑》。

妙的友情。那是从忘掉所有的世俗差异展开的平等关系。也许从中产生的是成年人的情谊。

于是在那一天，我们初次见到彼此。已经是两年前的事了。相逢真的是很奇妙的。从此以后，她每个月都会来采访，先从千叶搭电车到东京车站，从那里搭深夜巴士在清晨抵达名古屋，再转乘电车，在早晨八点来到我们家。早、午、晚都和我们一同优哉地生活，然后才回去。她竟然可以这样持续了一整年。

这种采访方式非常特别。我们的生活只是每天以平凡的心情去做平凡的事情而已，她却可以陪着我们，不会抱着成见发问。仿佛在默默地看顾不懂生存之道的人。我们的生活没有一丁点和平常不一样，只有录音机在转动，这是唯一的差别。"这些话我也说了吗？"在不知不觉中，不经意的日常会话就变成了一本书。

据说对远处传达的话语会自然产生音乐性。"烤一番薯、烤番薯……金鱼—、金鱼……纳豆、纳豆—……竹—竿、竹竿……"叫卖声可能已经是现代的死语了，可是在我们的日常生活中，这些声音带有呼唤自然四季的优雅。纯粹化、单纯化的话语会变得透明，渗入内心深处。

听说本书是根据庞大的采访录音原稿，花费不下于采访的心力和时间，不断地删减才完成的。作者想必是把它当成了"怀旧的未来"写给现代的信息，希望它变得温柔、深奥、有趣，而且具有音乐性。这些新鲜的信息是来自我们有杂树林和菜园的生活，希望能够代替随着四季变换的"叫卖声"，轻轻地触动您的心灵。

（京）新登字083号

图书在版编目（CIP）数据

积存时间的生活 /（日）津端修一,（日）津端英子著；
李毓昭译. — 北京：中国青年出版社，2016.9
ISBN 978-7-5153-4325-9

Ⅰ. ①积… Ⅱ. ①津… ②津… ③李… Ⅲ. ①生活方式—通俗读物 Ⅳ. ①C913.3-49

中国版本图书馆CIP数据核字（2016）第171069号

北京市版权局著作权合同登记　图字：01-2016-1083
KIKIGATARI TOKIWO TAMERU KURASHI by Tsubata Hideko&Tsubata Shuichi
Copyright © Tsubata Hideko/Tsubata Shuichi, 2011
Listener and Editor:Emiko Mizuno
Photographer:Yuriko Ochiai
All rights reserved.
Original Japanese edition published by Shizenshoku Tsushinsha
Simplified Chinese translation copyright © 2015 by China Youth Press
This Simplified Chinese edition published by arrangement with Shizenshoku Tsushinsha, Tokyo, through HonnoKizuna, Inc., Tokyo, and Shinwon Agency Co. Beijing Representative Office, Beijing

**中国青年出版社**　出版发行

社　　址：北京东四12条 21号
邮政编码：100708
网　　址：www.cyp.com.cn
责任编辑：刘霜Liushuangcyp@163.com
编辑部电话：(010) 57350508
发行部电话：(010) 57350370
北京科信印刷有限公司印刷　新华书店经销

870×1240　1/32　7.25印张　　200 千字
2016年9月北京第1版　2020年10月第10次印刷
定　　价：38.00元

本图书如有任何印装质量问题，请与出版部联系调换
联系电话：(010) 57350337